拒否できない日本

アメリカの日本改造が進んでいる

関岡英之

文春新書

376

拒否できない日本／目次

1　北京・シカゴ枢軸の怪　13

2

対日圧力の不可解なメカニズム

阪神・淡路大震災／半世紀ぶりの建築基準法大改正／答申書の奇妙な記述／実はWTOの協定にオリジナルがあった／不可解な法改正はなぜ行われたのか／日米通商摩擦に発端が／大震災のどさくさにまぎれて法改正？／アメリカの公文書には堂々と記録／日本国民には知らされていない／数年後の日本を知る必読の文献／日本政府はなぜ外国業者の利益をはかるのか／クリントン政権の考え出した「年次改革要望書」／マス・メディアが今まで報道しなかったこと／内政干渉を隠そうともしないアメリカ／要求の進捗状況は日米当局者が点検／通商代表部は経営コンサルタント事務所／外圧の悪夢は過去の話？／ブッシュ政権でも対日圧力の仕組みは消えていない／二〇〇三年版にもぎょっとするような生々しいことが／ルーツはもっと古くまでさかのぼる／対日貿易赤字と日本異質論／「外圧で日本の思考・行動様式を変形・破壊すべし」／わずか二十分の会談で決まった「日米構造協議」

／外圧サマサマの反応も／アメリカ政府が日本の消費者のために働くわけがない／「日本のアメリカ支持者を国益に利用するのは戦略」／主権国家の対等な交渉ではなかった／「イニシアティブ」というキーワードの重要な意味／犯人はアメリカ財務省だった／ルーツは日米円ドル委員会／日本側の反論とアメリカの恫喝／アメリカからの外圧と「トロイの木馬」／思わぬ仕掛け人も／プラザ合意と新通商政策のタイミング／名高い悪法「スーパー三〇一条」／「日本に負ける」という危機感／共和党は日本に手厚いか／ドイツと結託してアメリカに対抗することもできたはず／アメリカに点数を稼ごうとしてバブルを生み出した／老獪なアングロ・サクソンに善意を期待するのは危険／「史上最も偉大な大統領」に選ばれたレーガン／ソビエトの軍事力より日本の経済力のほうが脅威／日本がアメリカの資産を買いまくったのはプラザ合意のおかげ

3　この世はアングロ・サクソンの楽園　87

ナリスト／「減損会計」導入でほくそえむのはハゲタカ・ファンドだけ／日本経済を支えた独自のシステムが死んでしまう／フランスやドイツを巻き込もう／今や会計だけの問題ではない／仕掛け人は五大会計事務所／愕然とする〇二年の商法大改正／アメリカのビジネス社会そのものに／アメリカ型への移行は数社だけ／商法改正もアメリカの要求から／何から何まで日本企業買収のため／産業再生機構にも別の役割が／首相以下国を挙げて身売りのしたく／公正取引委員会もコントロール下に／なぜ公取委には規制強化を迫るのか／談合摘発とアメリカの利害／九十年続いた入札制度の崩壊／日米貿易問題の最難関は日本の建設市場／エシュロンの通信傍受／同盟諸国も監視の対象に／身の毛もよだつアメリカの独善／アメリカの徹底的な対日不信／郵政公社やNTTに揺さぶりをかけるため／公取委はアメリカの下請けではない／恐るべき三重苦が降りかかる

4　万人が訴訟する社会へ　

日米／アメリカ社会で司法が果たす役割の大きさ／行政府への不信感はアメリカ人の本能／ブッシュ大統領や連邦議会も巻き込んだ大騒ぎ／立法も監視するアメリカ司法／アメリカ社会の訴訟禍／弁護士業界が巨大な政治力を持つアメリカ／ヨーロッパ人から見ても異常／数多の弁護士がひしめきあって争うアメリカ／私人に訴訟を起こさせるインセンティブ／法は裁判所で作られるアメリカ／「大陸法」文明と「英米法」文明／アングロ・サクソンの大陸コンプレックス／大掛かりな訴訟は人海戦術で／日本版ロースクールのカリキュラムをめぐる紆余曲折／狡猾なイギリス人の抜け穴／エクイティは人情味あふれる「大岡裁き」／トマス・エジソンは訴訟王／法律的判断と道徳的判断を混同しているアメリカ人／GHQの司法改革／アングロ・サクソン型の新憲法／一読に値するオプラーの回想録／主権国家のアメリカ化／厄介で迷惑な隣人・アメリカ／英米法もローカル色豊か／アメリカは他の国とはかけ離れた存在

5　キョーソーという名の民族宗教

1　北京・シカゴ枢軸の怪

ささいな発端

タダオ・アンドー現象は中国でも凄まじいものがあった。いまや日本が誇る世界的建築家、安藤忠雄氏の北京での講演会には中国の若者たちが会場に殺到した。私の左隣に座った北京の清華大学建築科の学生は中国で出版された安藤氏の作品集を見せてくれたし、右隣のポーランドの女子学生は、私が日本人だと知るとアンドーへの憧れを興奮気味に語りかけてきた。

一九九九年六月、北京の人民大会堂で開催された国際建築家連盟（ＵＩＡ）の世界大会に、私はひとりの建築学科の学生として参加した。学生といっても三十八歳の老書生だ。プロボクサーから独学で世界的建築家に転身した安藤氏は、当時の私にとってもある種の偶像だった。その安藤氏やフランスのジャン・ヌーベル氏など、世界の名だたる建築家が、中国の北京で一堂に会した。

開会式には日本の参議院議長に相当する中国政治協商会議主席の李瑞環氏（当時）も出席して、ときどき間のびする独特の天津訛りで祝辞を述べた。李瑞環氏は一介の大工さんから天津市長に選ばれ、ついには中国共産党のナンバー・フォーにまで登りつめた異色の政治家である。若かりし頃に人民大会堂の建設現場にも参加したという、建築とも縁の深い経歴の持ち主だ。

そうした華やかな表舞台の裏で、アンドーやヌーベルほどの名声にはめぐまれなかった無名の建築家たちによって、地味だが重大な意味をもつ、ひとつの国際協定が採択された。世界各国の建築家の資格制度を国際的に統一するルールが北京大会で決定されたのだ。私はこのときまだ知らなかったのだが、これは建築家の資格だけにとどまる話ではなく、公認会計士や弁護士など、さまざまな知的専門職の国家資格を国際的に統一していこうという、アメリカの壮大な戦略のごく一部に過ぎなかったのである。

中身はアメリカの制度の焼き直し

国際的な統一ルールとは言いながら、よく読んでみるとその中身は、ほとんどアメリカの制度を焼き直したものだった。たとえば大学での教育年限は五年制になっている。しかもその「大学」とは、民間の第三者機関によって教育内容を審査され、一定のレベルに達していると認定を受けた大学でなくてはならない。いうまでもなく日本の大学は四年制が主流である。また、大学の教育内容をチェックして認定を与えるような民間の第三者機関などは日本には従来存在しなかった。これらはみなアメリカ独特の制度なのである。

これが国際的な統一ルールということになると、日本の大学の建築学科を卒業して、たとえ一級建築士の国家試験に合格しても、一歩日本の外に出れば建築家として通用しない、ということになってしまう。日本の建築家が海外で仕事をするのは非常に困難になる。また、アジアなど他の国からわざわざ日本の大学に留学して建築を勉強しようという学生はいなくなるだろう。しかしこれはもう決定されてしまったのである。このため、早稲田大学の理工学部建築学科は翌二〇〇〇年から学部と大学院の修士課程を統合して「六年一貫教育カリキュラム」に変更した。この顚末には、法科大学院（ロー・スクール）や会計大学院（アカウンティング・スクール）など専門職大学院の設立や、大学に対する第三者評価の導入など一連の動きを先取りしている面があったのである。

アメリカのパートナーが中国という不可解

アメリカが自国のルールを「グローバル・スタンダード」と称して国際的な統一ルールに仕立て上げ、そのルールに踊らされた結果、日本が国際市場からの撤退を余儀なくされる……。どこかで聞いた話だ。銀行業界に身をおいてきた私にはすぐにピンときた。これは金融でやられたのと同じ手口だ。

建築家の資格制度を国際的に統一しようという動きは、国際金融の世界で起きたこと、つまりＢＩＳ規制問題（国際決済銀行の自己資本比率規制問題）と本質的には同じことなのではないか。そう直感したことが、国際建築家連盟（ＵＩＡ）の世界大会に参加するため、私がわざわざ私費で北京に渡った理由であった。

北京は私にとって因縁の深い街だ。高校生のときに初めての海外旅行としてこの街を訪れ、銀行員時代には三年あまり駐在したこともある。その後、私は十四年間勤めた銀行を退職して、第二の人生を模索するべく一介の学生に戻り、ひょんなことからある建築家が主宰する研究室に籍を置くことになった。ちょうどその頃、縁ある北京で国際建築家連盟の世界大会が開かれたわけだ。自分の人生経路と重ね合わせて、いささか大袈裟かも知れないが、私はある種の運命のようなものを感じざるを得なかった。

北京を訪れてみて、私は自分の直感が不幸にも的中していたことを知った。アメリカン・ルールを国際的な統一ルールに仕立て上げるというアメリカの戦略は予期した通りのものだった。それにしても、どうにも不可解だったことがある。アメリカのこの戦略を全面的にバックアップしてきたパートナーが中国だったことである。あの中国が、アメリカのパートナーになる？

そのときのささいな疑問が私のなかに深く宿り、やがて際限なく成長し始め、ついには自分でも手に負いきれないほどとてつもない課題を抱え込むようになろうとは、そのときは夢にも思わなかった。

アメリカの皮算用

北京で採択された建築家の資格制度の国際的な統一ルールに関する協定は、アメリカと中国が共同で数年前から準備を進めてきたものだった。どんな分野でも、国際的な統一ルールをつくろうとするときは、世界各国からいろいろな意見が噴出しておおいにもめる。ルールの原案をつくる幹事国の苦労は並大抵のものではない。アメリカがつくった国際的な統一ルール案が、数年間におよんだ激論をへて最終的に採択されるところまで漕ぎつけることができたのは、アメリカに対する中国の全面的な協力無くしては実現不可能だったといわれている。

これはアメリカが中国という、異質な文化を持った非アングロ・サクソン勢力と手を組むことによって、グローバル・スタンダードの制定に成功したという点で、これまでにない画期的な意義を持っている。イギリスなどとアングロ・サクソン同士でつるんでいる限りは、いくら普遍性を主張しても説得力が乏しいからである。文化も歴史もまったく異なる中国がアメリカのルールに賛同し、それを国際的な統一ルールにまで仕立て上げるのに協力したということは、アメリカの対外戦略史上空前の快挙だったに違いない。

もう一つの重要な交渉が

アメリカが獲たものは、それだけにとどまらなかった。国際建築家連盟（UIA）をオモテ舞台とした交渉と同時並行的に、アメリカと中国のあいだでは、もうひとつの重要な交渉が二国間で進められていたのである。それは建築家が相手の国の市場に参入する条件を話し合うための交渉だった。

中国はアメリカン・ルールをほとんど受け入れた。それは中国の巨大な建築市場への参入を狙って、各国の建築業界がしのぎをけずる中で、アメリカに圧倒的有利な状況がもたらされたことを意味する。

巨大市場を抱える中国がアメリカン・ルールをのんだということは、今後アメリカが他の国々に圧力をかける際にも有力な交渉材料にもなる。アメリカン・ルールを拒否することは、同時に中国の巨大な市場をも諦めなければならないことを意味するからだ。アメリカの戦略では、アメリカン・ルールを国際的な統一ルールに仕立て上げるという第一の目的と、中国の建築市場で圧倒的な優位を確保するという第二の目的とは、まさに一石二鳥を狙った、車の両輪ともいえるものだったのである。

中国のメリットとは

しかしここで不思議に思うのは、それでは中国にとってのメリットはいったい何だったのか、ということである。建築市場を相互に開放したといっても、中国の建築家がアメリカの市場に進出することは容易ではない。現在のデザインや技術の水準では、中国の建築家がアメリカ市場でアメリカの建築家と競争してもまず勝ち目はない。この取引がアメリカに一方的に有利であることは誰の目にも明らかなはずである。あの計算高くてしたたかな中国が、なぜこんな見えすいた取引に応じてアメリカに協力したのだろうか。その狙いはいったい何だったのか。

中国が国際的に通用する建築家の資格制度の検討を開始したのは、遠く一九八六年にまでさかのぼる。まず教育制度から着手した。中国は視察団をアメリカに派遣してアメリカの制度に関する資料を持ち帰っている。そしてわずか四年後の一九九〇年に、アメリカの制度をモデルにした建築教育制度を全国レベルで正式に発足させているのだ。北京で国際的な統一ルールが採択されたとき、日本ではまだ正式な検討さえ始まっていなかったが、中国では十年も前に教育制度の改革が終わっていたのである。

教育制度の問題がかたづくと、中国はすぐに建築家の資格制度に着手した。一九九二年に中国は再び視察団をアメリカに派遣し、アメリカ建築家協会をはじめとする関係団体と接触した。このときアメリカから中国側に対してある協定が提案されている。その協定書は建築市場の相互開放に関する条項を既に含んでいた。

このアメリカと中国の協定書はその翌年、一九九三年にアメリカのシカゴで調印された。そのときシカゴでは、おりしも国際建築家連盟の世界大会が開催されていた。まさにこのシカゴ大会で、六年後の一九九九年の世界大会の開催地に北京が選ばれたのだ。ちなみに日本は毎回投票に敗れ続けて、加盟以来まだ一度も世界大会の招致に成功したことがない。

米中のバーター取引?

国際建築家連盟の大会に参加するため北京を訪れたとき、中国の新聞『中国建設報』に、私はとても興味深い記事を見つけた。建築家の資格制度の国際的な統一ルールづくりをアメリカと一緒に担当した中国側のキーパーソン、張欽楠氏のインタビューだ。

記者団からの「なぜアメリカは、建築家の資格制度の相互承認を中国に提案してきたのか。なぜ今回の国際建築家連盟の世界大会は北京で開催されることになったのか?」という質問に対し、張欽楠氏は「そのふたつの問題の本質はまさに一致している。世界大会が北京で開催されたのは偶然ではない」という謎めいた回答をしている。

ここからは私の憶測だが、建築家の資格制度の相互承認や建築市場の相互参入の話と、世界大会の北京招致はある種のバーター取引だったのではないか。一九九三年のシカゴ大会で、六年後の世界大会の開催地に北京が選ばれたのは、アメリカが進めるグローバル・スタンダード戦略への協力と、建築市場の相互参入を受け入れたことに対する、中国への見返りだったのではないだろうか。私のまったくの想像に過ぎないが、この程度の駆け引きは、国際的なビジネスの交渉ではむしろ常識の部類にはいる。

シナリオはシカゴで立案されていた？

その後、アメリカと中国の共同戦線によって、建築家の資格制度の国際的な統一ルールの作成が進められ、六年後の一九九九年の北京大会で採択されたわけである。一九九九年に北京で完結したシナリオは、あらかじめ一九九三年にシカゴで立案されていたのではないだろうか。アメリカの建築家のなかにはかなりの戦略家がいるようである。

一九九三年当時といえば、二〇〇〇年オリンピックの開催地に北京が立候補し、シドニーと激しく争っていた時期である。オリンピックの開催地として認められるには、国際会議の開催経験の実績もものをいうが、当時の中国はまだその実績が乏しかった。ひとつでも多く、北京に国際会議を招致したいという欲求を中国が持っていたのは確かである。このときはシドニーに敗れたものの、二度目の挑戦で北京は二〇〇八年のオリンピック開催を勝ち取った。

それにしても中国は、たかが国際会議ひとつを招致したいがためだけに、自国の建築市場の開放まで含む容易ならざる協力をアメリカに申し出たのだろうか。むろんそうではない。それではあまりにも利害のバランスを欠いている。この背後には、もっと大きな中国の国家戦略が存在していたのである。

中国の本当の狙い

中国が国際的に通用する建築家の資格制度の確立について検討を始めたのは、実は世界貿易機関（ＷＴＯ。ただし当時はＧＡＴＴ）への加盟申請がきっかけだったのである。中国のＷＴＯ加盟の実現は過去十数年、国際社会における最大の課題のひとつだったと言っても過言ではない。結局二〇〇一年十一月にカタールで開かれたＷＴＯ閣僚会議でついに加盟が承認されたが、一九八六年の正式申請以来、加盟決定まで実に十五年もの歳月を要したということ自体、ことの重大性を物語っている。

中国の後には、ロシア、ベトナム、カンボジア、中央アジア諸国など、旧社会主義諸国の加盟交渉が控えており、中国のケースが市場経済への移行国のテスト・ケースになっていた、という事情もあった。

しかし中国のＷＴＯ加盟にこれほど時間がかかった最大の理由は、ほかでもないアメリカとの交渉が難航したからだった。一九八九年の第二次天安門事件、一九九九年五月の在ユーゴ中国大使館誤爆事件などの政治情勢によって、幾度となく交渉が中断されてきたのだ。中国と同時に加盟を認められた台湾が、早々とアメリカとの交渉を終え、中国の加盟交渉が決着するのを待つばかりだったのとは対照的に、中国は苦難の道をたどらされた。その背後には、台湾を強力にサポートする、アメリカ国内の台湾ロビーの圧力があったと言われている。

ＷＴＯを政治的に利用するアメリカ

現在、ＷＴＯからはロシアやベトナムなどかつてアメリカと対立関係にあった旧社会主義圏諸国だけでなく、多くのイスラーム諸国が締め出されている。イスラームの盟主サウジアラビアでさえ、アメリカの同盟国であるにもかかわらず一九九三年の申請以来まだ加盟が認められていないのだ。「悪の枢軸」のひとつイランに至っては、一九九六年に加盟を申請しているにもかかわらず、申請書の受理さえ認められない門前払いの扱いを受けたままである。アメリカが一方的に「テロ支援国家」に指定しているシリアやリビアも同様である。

アメリカは、本来外交的に中立であるべき国際機関ＷＴＯへの加盟承認を政治的に利用し、あたかも自分が主宰する親睦クラブの会員審査を行うかのように振る舞っている。そしてアメリカの要求に従うか、さもなくば「国際社会」から締め出される道を選ぶのかと、れっきとした主権を持つ国々に圧力をかけているのである。

司馬遼太郎がニューヨークで考えたこと

司馬遼太郎は『アメリカ素描』（新潮文庫）のなかでこんな感慨を漏らしている。「いま世界は、ビジネスへの参加能力をもつ国とそうでない国にわかれてしまっているのではないか。世界貿易センターでそんなことを考えた」。ＷＴＯが発足する十年前、世界貿易センタービルが崩壊する十六年も前のことである。

それにしても、建築家の資格制度の国際的な統一ルールの話と、中国のＷＴＯ加盟交渉とのあいだにどんな関係があるのか、まだよくわからないという人がいるかもしれない。しかしこの二つの問題に関する中国の動きを、中国の新聞や雑誌からひろいだして時系列順に比べてみると、一見無関係と思えるこの二つの動きのタイミングが、奇妙に符合することに気づかされるのである。

一九八六年のＷＴＯ加盟申請の直後から、中国で建築家の資格制度の検討が開始されたことは既に述べた。その後一九九五年にＷＴＯが発足したわずか数ヶ月後に、中国ではアメリカをモデルとした建築家の新しい資格制度が導入された。一九九九年の国際建築家連盟の北京大会で、アメリカン・ルールをベースとした国際的な統一ルールが正式に採択されたとき、同時に建築市場の相互参入に関するアメリカと中国の合意が調印された。

そのわずか数ヶ月後に、中国のＷＴＯ加盟に関するアメリカ政府との十三年におよんだ交渉が、ついに最終決着したのである。偶然と言うにはあまりにもタイミングが合い過ぎている。むろん、中国のＷＴＯ加盟交渉はさまざまなほかの要因にも影響されており、ことはそれほど単純ではない。

ただ、アメリカが狙う中国の巨大な建築市場への参入戦略を中国が逆手にとって、ＷＴＯ加盟という国家戦略のカードとして存分に使ったのは明白である。この問題をめぐるアメリカと中国双方の、きわめて戦略的な一連の動きから、わたしたち日本人はいったいどんな教訓を汲み取るべきだろうか。

世界最大の建築家大国・日本

インタビューで謎めいた言葉を残している中国側のキーパーソン張欽楠氏は一九九九年に来日し、「設計者資格の国際化を考える」というテーマで講演している。そのとき会場からの質問に答えて、「日本の建築家が中国で業務を行う際、日本の建築士資格は中国では通用しない。改めて中国の建築師資格を取得する必要がある」と明言したという（日刊建設通信新聞による）。

日本も遅ればせながら、中国に対して建築家資格の相互承認についての交渉を呼びかけているが、中国側の反応は冷ややかだという。中国側の関係者は非公式の発言で、「日本の一級建築士の資格は、中国では二級レベルに相当する。中国の一級建築師の資格は、いまやグローバル・スタンダードの一級に相当し、これに相当する資格は日本にはまだ存在しないからだ」と豪語したという。ずいぶんと中国に見下されたものだ。中国のこういうところが私は嫌いなのだ。相変わらずの鼻持ちならない大国意識である。

だが、少なくとも数の面では、日本は二十九万人の建築家をかかえる世界最大の「建築家大国」なのである。アメリカでさえ半分以下の十一万人、中国に到っては三万人しかいない。近代建築の巨匠ミース・ファン・デル・ローエやル・コルビュジエをうんだヨーロッパ諸国はもっと少ない。日本の建築家の数を聞くと、世界は仰天するのである。

日本と世界では建築家の定義が違う

なぜこういう極端な差が生じるかというと、そもそも日本と世界では建築家の定義が違うからだ。日本の建築家の教育制度や建築士の資格制度では、設計者（デザイナー）としての能力だけでなく、構造力学などのエンジニアとしての知識が大変重視されている。それは日本が地震国であるという特殊な事情があるからだ。

一方、欧米では「建築家は芸術家（アーティスト）である」のが普通である。「構造設計は技術者（エンジニア）たちの仕事だ」と考えられている。日本の建築家の数が世界で突出して多いのは、エンジニアの数も含めて数えているからなのだ。

こうした特殊事情のため、日本の建築教育や資格制度は欧米とは極めて異質で、世界的にも珍しい存在となっている。デザイナーとしての素養だけでなく、工学的な知識も兼ね備えることが求められているということは、ある面で大変難しい条件と言える。

もし日本が、世界最大の建築家大国という数の論理をたてにとって、日本の建築教育や建築士の資格制度をグローバル・スタンダードにすることを目指していたら、欧米の建築界にとっては大変な脅威となっていたであろう。芸術家がいまさら構造力学を勉強し始めるわけにはいかない。アメリカがそうした事態に先手を打って、早い段階から戦略的に動いていたという可能性は否定できない。

日本はなぜ手をこまねいていたのか

日本の建築界の平均的な感覚からすれば、日本が国際的な統一ルールづくりの主導権を狙うなど思いもよらないことである。しかし国際標準を制することの戦略的な重要性を知り尽くしたアメリカは、そうは考えなかったのだ。日本のルールがグローバル・スタンダードとはいかないまでも、少なくとも東アジアのローカル・スタンダードとなりうる可能性はあったのである。それは中国が WTO 加盟をにらんで国際的に通用する建築家の資格制度の検討を始めた時期だ。

中国の動きをすばやく察知したときアメリカは、もし中国が日本のルールを採用したらどうなるかということを当然考えたであろう。中国が日本とアメリカのどちらのルールを採用するかという問題は、アメリカの論理では、採用されなかった側が中国市場から締め出されかねないリスクがある、ということを意味するからだ。

　このとき日本は世界最大の「建築家大国」の総力を結集して、アメリカと中国を手玉に取るぐらいのこともやろうと思えばできたのだ。だが現実には、中国が日本ではなくアメリカのルールを採用した瞬間に勝負はついていた。

　こうしたアメリカ、中国双方の思惑をよそに、「世界最大の建築家大国」日本はなぜ安閑と手をこまねいていたのだろうか。事の重大性に気づいてはいたものの、なすすべがなかった、というのが正確なところなのかもしれない。

建築をめぐる中国と日本の実情の相違

　中国では、建築家の資格制度についても、建築教育に関しても、「中国建築学会」が一手に掌握している。この「中国建築学会」は国務院建設部（日本の旧建設省に相当）に直属する組織であり、学会の理事長は現職の建設部副部長（次官）が兼務していた。そして、たびたび登場したキーパーソン張欽楠氏は、「中国建築学会」の副理事長であると同時に、職能団体である「中国注冊建築師登録管理委員会」の副理事長を兼務していた。それゆえ中国では、監督官庁・学会・職能団体が完全に一体となって、国家的戦略のもとにアメリカとの駆け引きに邁進することができたのである。

一方日本では、教育に関しては「日本建築学会」、資格制度については「日本建築家協会」、「日本建築士会連合会」、「建設業協会」、「日本建築士事務所協会連合会」などさまざまな業界団体が関係する。この問題を議論しようとすると、それぞれが長年築きあげてきた暗黙のルールや既得権益が交錯して収拾がつかなくなってしまう。結果として対応が後手にまわってしまった、というのが実情だろう。

日本の建設省（現・国土交通省）が「建築設計資格制度調査会」を設置して検討を始めたのは、北京でグローバル・スタンダードが採択されてから実に一年も過ぎた二〇〇〇年七月になってからであった。

関心が薄かった日本の建築界

しかし御上のせいばかりにはできない。日本の建築界の内部でこの問題に関心を持っている人は決して多いとはいいがたい。北京大会から帰国してすぐ、私は警鐘を鳴らすべくレポートを書いて、いくつかの建築雑誌に掲載を依頼したが、いずれもボツになった。文章が下手だというなら書き直しようもあるが、「テーマとして興味がないから」というのが掲載拒否の理由だった。ある建築雑誌の編集者に「中国の若手建築家のデザイン動向について書いてくれれば掲載してもいいですよ」と言われたときには開いた口が塞がらなかった。私は原稿をお蔵入りにした。

おそらく日本の大多数の建築家は、グローバル・スタンダードなど自分の日々のビジネスとは関係がないと受けとめているのではないだろうか。それはこれまで日本国内の仕事だけで充分食べてくることができたからだ。しかし右肩上がりの成長が終わって民間需要の伸びは期待できないばかりか、政府や自治体も財政赤字で公共事業も望みが薄い。国内市場にしがみついているだけで世界最大の「建築家大国」はやっていけるのだろうか。すぐ隣りに中国という巨大市場が存在しているのに。

舌を巻くアメリカのリーダーシップ

北京大会の席上で、世界各国の建築家が満場総立ちとなってひとりのアメリカ人建築家を拍手でたたえる場面があった。国際的な統一ルールをつくったアメリカ側のキーパーソン、ジェームズ・シーラー氏だ。いうまでもなくシーラー氏はアメリカ建築家協会（ＡＩＡ）の会員である。

アメリカ建築家協会の一九九九年冬のニューズ・レターは、北京大会での建築家の資格制度の国際的統一ルールの採択に関するレポートを次のような誇らしげな文章で結んでいる。

「アメリカ建築家協会は、世界の水準を引きあげたのだ。およそリーダーシップとは、かくのごときものである」

アメリカの得意満面の顔が浮かぶではないか。

わたしはこの問題を通じて、中国もさることながら、アメリカ側の戦略的思考、はやばやと布石を打っていく先見性、他の国を率いて目的を実現していくリーダーシップにあらためて舌を巻いた。アメリカ建築家協会にはすごい人材がいるものだと驚嘆した。

だが実際に会ってみると、シーラー氏自身はどちらかというと生真面目な実務家タイプの人間だ。この人が、かくも壮大な戦略をすべてひとりで取り仕切ったとは到底思えない。私は中国側の動きを調べ尽くすと、今度はアメリカ側にどんな動きがあり、どんな人々のどんな思惑がからんでいたのかを知りたくなった。

職業団体とアメリカ政府の連携プレイ

先ず手始めに「アメリカ建築家協会」をキーワードにしてインターネットでいろいろ検索してみた。するとあるオーストリアの企業が自社のホームページ上で、「アメリカ建築家協会の国際関係部会の方針摘要」という文書を公開しているのを偶然見つけた。この文書はアメリカ建築家協会のホームページでは見つからなかったので真贋のほどは定かではないが、とても興味深いことが書かれていた。

「アメリカ建築家協会はアメリカ通商代表部、商務省、連邦議会、サービス産業連合（CSI）とともに、世界貿易機関、アジア太平洋経済協力会議（APEC）等に関連する公的および私的イニシアティブをモニターし、コメントする」

これはいったいどういうことだろう……と私は思わず考え込んでしまった。アメリカ建築家協会というのは、建築家個人の職業団体に過ぎない。それがどうしてアメリカ政府と連携プレイをしているのだろう。連邦議会までからむのはどう考えても話が大きすぎる。それに世界貿易機関やアジア太平洋経済協力会議となんの関係があるのか。WTOに加盟を希望していた中国側がWTO当局とつながりを持つことは解るが、アメリカ建築家協会の方はWTOとどんな利害関係があったのか。

サービス産業連合の気になる動き

わたしはそもそもアメリカという国がどういうふうに動いているのか、WTOでいったいなにが起きているのか、自分がほとんど何も知らないことをあらためて痛感した。しかしいきなりそういう大きなテーマから手をつけ始めると、情報の山に埋もれて収拾がつかなくなる。そこで一番聞き慣れないマイナーな感じのするサービス産業連合という団体を調べることから手をつけることにした。インターネットでこの団体の公式ホームページを探し当てると、マイナーなどと思ったのはとんでもない思い違いであったことに私はすぐに気がついた。

サービス産業連合というのは、一九八二年に設立されたアメリカで最も有力なサービス産業界の圧力団体である。やはりアメリカ建築家協会と同じように、アメリカ通商代表部、商務省、連邦議会などとしっかり連携している。海外でのアメリカのサービス産業界のビジネス・チャンスの拡大や、サービス貿易（サービス産業の国際的な取引）の自由化を推進することを主な活動目的としているという。特にＷＴＯとの密接な関係を保っているらしく、サービス貿易に関して専門的な交渉ノウハウと実績をホームページで自画自賛している。

とりわけ目を引く「中国部会」

サービス産業連合は、金融、通信、知的サービスなど、業種別の作業部会に分かれている。建築の作業部会はない。しかしホームページでとりわけ目を引いたのは、それらの業種別の作業部会とは独立して、業界横断的な「中国部会」というのが設置されていることだった。「日本部会」も「ＥＵ部会」もない。特定の国を対象とした作業部会が設置されているのは中国だけだ。そのメンバーがまたすごい。ＡＴ＆Ｔ、ＩＢＭ、シティバンク、アメリカン・エキスプレス、モルガン・スタンレー、プライス・ウォーターハウスといったアメリカの錚々たる有力企業が名を連ねている。

この作業部会は、やはり中国のWTO加盟を視野に入れて特別に設置されたもののようである。アメリカと中国との加盟交渉において、アメリカ政府に交渉材料や戦略を事細かに「レクチャー」していたようだ。

中国部会は、アメリカが中国のWTO加盟に最終的に合意する一年前に北京に代表団を送り、金融・保険、通信、知的サービス、IT、特許などさまざまな分野で中国側と交渉し、その成果を当時のビル・クリントン大統領に直接報告している。ホームページにはクリントン大統領からサービス産業連合のディーン・オハラ会長宛の直筆サイン入りの感謝状が麗々しく公開されている。

WTOはアメリカでは一大利権

日本ではWTOと聞くとすぐコメ問題かと考える人がまだ少なくないのではないだろうか。しかしアメリカでは金融や情報通信などの先端業界が駆け引きにうごめき、大統領まで巻き込むような一大利権なのだ。アメリカ政府が最終的に中国のWTO加盟を承認するまでに、これらサービス産業界から中国側に、さぞさまざまな注文がつけられたことだろう。

中国の加盟交渉が長引いた背景には、必ずしも政治情勢だけでなく、こうしたアメリカの業界団体との利害調整に手間取ったということもあったはずだ。大野健一氏の『途上国のグローバリゼーション』（東洋経済新報社）によると、WTOに加盟する条件については、なんと明文化された規定がないという。それをいいことに既加盟国は、加盟を希望する国に対してなんでもありの好き勝手な要求をエスカレートさせ、とりわけアメリカは通常ならば拒否されるような要求まで相手国に突きつけて自国の利益を追求している、と大野氏はアメリカの姿勢を厳しく批判している。

私は次に、クリントン大統領から感謝状を送られたという、サービス産業連合会長の「ディーン・オハラ」という人がどういう人物なのかをインターネットで調べてみた。すると、オハラ氏は全米第五位の保険会社ChubbのCEOであり、アメリカ保険協会の会長、アメリカ通商代表部の「投資とサービスに関する方針アドバイザー委員会」の委員、世界経済フォーラム（いわゆるダボス会議）の財務委員等の要職を兼務しているアメリカ財界の大物であることがわかった。

だが肝心の、建築家の資格制度の問題とサービス産業連合との接点が見えてこない。そろそろ諦めようかと思っていた矢先、オハラ会長の名前をキーワードにしてインターネットを検索してヒットしたサイトのなかに、アメリカ連邦下院議会のホームページが見つかった。

「アメリカの国益にとって重要な勝利」

一九九九年八月、つまり国際建築家連盟北京大会の直後に、サービス産業連合のディーン・オハラ会長は、アメリカ連邦下院議会で証言を行っていたのだ。それはその年十一月にアメリカのシアトルで開かれるWTO閣僚会議を目前に控えて、アメリカ政府がWTOのサービス貿易分野でどんな交渉をしたらいいか、どんなポイントを攻略するべきかについて、オハラ会長の意見を聞くために招いたものらしい。

オハラ会長の証言内容を読んでいて、私はある箇所に目がくぎづけになった。オハラ会長は、国際建築家連盟の北京大会で建築家の資格制度の国際的な統一ルールが採択されたことに言及しただけでなく、「これはアメリカの国益にとって重要な勝利である」と議会で証言しているのだ。

北京・シカゴ枢軸

このような意外ななりゆきで「アメリカの国益の勝利」という言葉に出会ったことに、私はなにか急に目を開かれたような感慨をおぼえた。これは日本でいえば日本経団連か全銀協の会長が「一級建築士制度の国際標準化は我が国の国益にかかわる問題であります」と国会で答弁するようなものだ。世界最大の「建築家大国」ニッポンでもなかなか起こりえないことだ。

だが、アメリカが中国を誘い入れて「北京・シカゴ枢軸」を形成し、国際会議の誘致問題などをからめながら何年もかけて達成したグローバル・スタンダードづくりは、やはり「アメリカの国益」として追求されていたのだ。

しかもそれはアメリカ建築家協会という一職業団体の話にとどまるものではなかった。シティバンクやモルガン・スタンレーなどが名を連ねるアメリカ有数の圧力団体、サービス産業連合の会長クラスやアメリカ連邦議会までが関心を示す「国策的」プロジェクトだったのだ。

そしてWTOでのサービス貿易交渉をめぐるアメリカ政府の国家戦略や、あとの章で紹介する公認会計士や弁護士の資格制度の国際統一化の動きともつながっていたのである。

あの中国がアメリカと手を結ぶ?

人生の転機をむかえていたその時期に、因縁の土地北京で参加した国際会議の場で、わたしの中にひとつのささいな疑問が芽生えた。あの中国がアメリカと手を結ぶ? 中国の狙いはなんだったのか? そしてアメリカという国はなにを考えているのか?

次々と浮かんでくる疑問に急き立てられ、愚直に調べてゆくうちに、思いもよらなかったさまざまなことがらが、互いにからみ合っていることに私は気づかされた。そして「アメリカの国益」という言葉と邂逅したとき、もしかしたらこれは何年もかけて探求すべきテーマを偶然掘りあてたのかもしれない……と思ったものだ。

しかしそれ以来、この言葉が私の頭のなかで耳鳴りのように響き続けてはいたものの、いったいどこから手をつけてよいのか見当もつかず、なんのヒントにもめぐり会わないまま時だけが流れた。漠とした影のようなものが再びゆらゆらとうごめき始め、次第に鮮明な像を結んでいくには、さらに幾つかの偶然が必要だった。

2

対日圧力の不可解なメカニズム

阪神・淡路大震災

その日の朝、私はいつものように朝食のトーストをくわえながらテレビのスイッチを入れた。だがその瞬間、画面に映し出されたのは見たこともない異様な光景だった。

どこかの街の空撮なのだが、あちこちで火の手があがり、巨大な黒煙が猛烈な勢いで流れている。上空から実況中継している記者の叫ぶような口調がヘリコプターの爆音にかき消される。一九九五年一月十七日未明、神戸の街を直撃したマグニチュード七・二の阪神・淡路大震災の第一報であった。

当初数十人と伝えられた死者・行方不明者の数は次々と上方修正されてゆき、最終的には六千人を越えた。崩れかかった高層ビル群や、橋脚が折れて横倒しになっている高架道路がテレビ画面に繰り返し映し出された。この世の終わりのようなその映像を見た者は衝撃でものもいえなかっただろう。そして誰しも日本の建築技術や耐震設計に対する、暗澹たる不安をかき立てられたはずだ。その年の十一月、日本政府は建築審議会に建築基準法の見直しを諮問した。

半世紀ぶりの建築基準法大改正

それから三年後の一九九八年六月、日本政府は建築基準法を全面的に改正した。それは「約半世紀ぶり」という鳴り物入りの大改正で、建物の安全性などを審査する基準が抜本的に見直された。ひとことで言うとそれは、建築の建て方（仕様）を細かく規制したこれまでのルールを、建築材料の「性能」を規定する新しいルールへと変更するというものだった。これを官庁用語では「仕様規定」から「性能規定」への転換と言うのだそうだ。

建築基準法の見直しが諮問されたタイミングから見ても、やはり阪神・淡路大震災の被害による衝撃の大きさが、日本の建築基準を半世紀ぶりに変更する原動力になったのだな、と私は想像した。ある大学の大学院生として修士論文のネタを探していた私は、大震災の被害が建築基準の見直しにどんなふうに影響したか、というのはよい研究テーマになるかもしれないと考えた。

答申書の奇妙な記述

ところが、建築基準法の改正内容を検討してきた建築審議会の答申書を読んでみると、なんだか様子が変なのだ。なんとも奇妙な記述にぶつかって私は困惑させられた。その答申書には、新しい性能基準は「国民の生命、健康、財産の保護のため必要最低限のものとする必要がある」と書かれているのだ。これは「最大限」の間違いではないか、と私は目を疑った。あのような恐るべき被害を繰り返さないためには、建築基準に関する規制の強化こそが必要だと考えるのが普通ではないか。

しかし答申書にははっきりと「最低限」と書かれている。もし誤植ではないとすると（実際に誤植ではないのだが）、これは阪神・淡路大震災をきっかけとした、建物の安全性への国民の不安の高まりという現実とどう考えても矛盾する。私はこの素朴な疑問にすっかり囚われてしまった。そして調べていくうちに、大震災がきっかけになったと思いこんでいた建築基準法の改正には、もっと大きな別の背景があったことがわかってきた。

実はWTOの協定にオリジナルがあった

建築審議会の答申書のなかの「国民の生命、健康、財産の保護のため必要最低限のものとする必要がある」という不可解な文章には、実はオリジナルがあったのだ。それは世界貿易機関のある協定である。

その第二条に、WTO加盟国の国内における強制規格（建築基準や食品安全基準などのこと）は、「安全保障、詐欺的行為の防止、安全、気候、基本的な技術上の問題等、正当な目的のため必要最低限のものであること」、そして「国際規格を基礎として用いること」と規定されているのである。それにしても、どうして建築基準の見直しの話にWTO、世界貿易機関が関係してくるのであろうか？

そこで建築審議会の答申書をもう一度よく読んでみると、建築基準法の改正が必要となった背景として、阪神・淡路大震災の教訓とは別に、「海外の基準・規格との整合等を図ること」と「我が国の建築市場の国際化を踏まえ、国際調和に配慮した規制体系とすること」が必要である、と書かれていることに気づいた。大震災との関連に気をとられていた私は、この部分をつい読み飛ばしていた。

しかしふと、読み飛ばす方がむしろ普通の反応ではないかという気がしてきた。なぜなら建築基準を見直す目的が、もし悲劇の再発を予防することにあるならば、それが海外の基準や国際規格と整合するかどうかなどといったことは二次的な問題のはずだからである。地震の少ない国の基準や規格だったら、地震多発国の日本ではそもそもなんの役にも立たないではないか。

不可解な法改正はなぜ行われたのか

だが、結論を先取りして言うと、建築基準法の基本的なルールを「仕様規定」から「性能規定」に改め、それを「必要最低限」のレベルにとどめ、しかも「海外の基準や国際規格」と整合させる必要がある、と提言しているということは、この答申書がほんとうは、阪神・淡路大震災をきっかけとする建物の安全性の強化よりも、むしろ「国際調和への配慮」の方を重視している、ということを意味しているのだ。

日本の「仕様規定」は、古くから伝わる大工さんたちの優れた匠の技に支えられた、高度で精妙な木造建築の伝統工法を前提としているため、建築方法の異なる外国の基準とは非常に異なっている。特に近年アメリカから入ってきたツー・バイ・フォーなどは釘をガンガン打ちつけるだけの素人でもできる単純な工法なので、熟練した技術を前提とする日本の建築基準では受け入れがたいのだ。

「仕様規定」を「性能規定」に変更するということは、建築の建て方そのものを変えてしまうことによって、日本古来の匠の技を不要にし、外国の工法や建材がどっと日本に入ってくる道を開くこと以外の何物でもない。また、地震が多い日本の建築基準は、海外の基準や国際規格より厳しくなっている。日本の基準を海外に合わせるということは、日本の基準を「必要最低限」まで緩和する、というに等しいのである。

要するに、「仕様規定」を「性能規定」に変更するということは、そもそも阪神・淡路大震災とはなんの関係も無いばかりか、むしろそれに逆行するようなものなのである。なぜこんな不可解な法改正が行われたのか。

日米通商摩擦に発端が

建築基準法の改正は、実は阪神・淡路大震災が起きるはるか以前から決まっていたことなのである。それではこの法改正は、誰の、どのような利害に基づいて決められたのだろうか。一見、純然たる日本の国内問題のように見える建築基準法改正の背景を知ることによって、意外にも日本とアメリカの関係を新たな角度から見つめ直すヒントが浮かび上がってくるのである。日本の建築基準法の「仕様規定」から「性能規定」への歴史的転換のきっかけは、日米通商摩擦にその発端をたどることができるのだ。

阪神・淡路大震災からさかのぼること六年前の一九八九年五月、アメリカは悪名高い通商法スーパー三〇一条を日本に対して発動した。このときスーパーコンピューター、人工衛星とならんで標的にされた三品目のひとつが木材、つまり建築材料だったのだ。この三つの分野で、外国企業の市場参入を阻む不公正を行っているとアメリカは日本を攻撃した。

木材についてアメリカは、日本の建築基準法や製品規格などがアメリカ製木材の輸入を妨害していると非難した。このとき日本政府は、建築基準法は度重なる災害の教訓から日本の稠密な国土の状況に即して定められているのだから緩和する意思はないと抵抗したが、アメリカは一方的な制裁をほのめかせて圧力をかけ続けた。

ついに日本政府は、在米日本大使館の村田大使の名前でアメリカ通商代表部のカーラ・ヒルズ代表宛に書簡を出した。日付は一九九〇年六月十五日となっている。「木材製品に関連して日本政府が講じる措置」というタイトルのその書簡には、日米両国政府間の合意内容として、

「建築基準は原則として性能規定とすることが好ましい」と書かれていたという。

大震災のどさくさにまぎれて法改正？

私はこれを知ったとき大変驚いた。「仕様規定」から「性能規定」への変更を主眼とする建築基準法の改正は、建築審議会が答申書で法改正を提言する七年も前に、日米両国の政府間ですでに合意されていたのだ。私はそのことを建設大臣官房政策課の監修により一九九〇年に出版された『日米構造問題協議と建設行政』（大成出版社）という資料を読んでいたときに偶然見つけた。そこですぐに日本経済新聞や朝日新聞の縮刷版を調べてみたが、一九九〇年六月前後にこの村田・ヒルズ書簡のことを報道した記事を見つけることはできなかった。

もしマス・メディアに公表されないまま、こうした政府間合意がなされ、あらかじめ決められたシナリオにそって審議会の答申がつくられ、阪神・淡路大震災のどさくさに紛れて法改正までしてしまったことが事実とすれば、これは驚くべきことではないか。審議会の検討作業や国会での審議はいっさい茶番ということになりかねない。あきらかにこれはアメリカからの内政干渉だ。しかもそれが日本の審議会制度などを利用して構造的に行われていることになる。

アメリカの公文書には堂々と記録

しかし不思議なことに、アメリカの公文書にはこのことが至極当然のことのように堂々と記録されているのだ。例えばアメリカ通商代表部が作成した『外国貿易障壁報告書』二〇〇〇年版には、日本の建築基準法の改正がアメリカ政府の要求に応じてなされたものであると、はっきりと書かれている。そして通商代表部は、この法改正が「アメリカの木材供給業者のビジネス・チャンス拡大につながった」と、自らの手柄として自画自賛しているのである。

建築基準法の改正以外にも、たとえば賃貸住宅市場の整備を目的とする「定期借家権制度」の導入や、中古住宅市場の活性化を目的とする「住宅性能表示制度」の導入なども、アメリカの建築資材供給業者のビジネス・チャンスを拡大することを目的とした、アメリカ政府の日本政府に対する要求によって実現したものであると堂々と宣言されている。

日本の国内では、建築基準法の改正や住宅性能表示制度の導入は、阪神・淡路大震災での被害の大きさからの反省や手抜き工事による欠陥住宅の社会問題化などがきっかけとなって日本政府内で検討が始められ、導入が決定されたものだと理解されている。それは日本の国民の安全と利益のためになされたはずだ。

しかし実はこれらの法改正や制度改革が、日本の住宅業界のためでも消費者のためでもなく、アメリカの木材輸出業者の利益のために、アメリカ政府が日本政府に加えた外圧によって実現されたものであると、アメリカ政府の公式文書に記録され、それが一般に公表されている。

日本国民には知らされていない

どうしてこのような奇怪なことが起きているのだろうか。日本の法改正や制度改革の決定プロセスには、アメリカの介入を許すようなメカニズムが存在しているのかもしれない。そしてどうやらわたしたち一般の国民は、そのことをきちんと知らされているわけではないらしい。建築基準法の改正を提言した答申書を隅から隅まで読んでみても、アメリカ政府が介在していることなどもちろんひとことも書かれていない。法改正のニュースを伝えた新聞報道でもいっさい触れられていない。当のアメリカ政府自身が公式文書でそのことを堂々と公表しているというのに。

数年後の日本を知る必読の文献

これから数年後の日本に何が起きているか。それを知りたいと思ったとき、必読の文献がある。アメリカ政府が毎年十月に日本政府に突きつけてくる『年次改革要望書』である。日本の産業の分野ごとに、アメリカ政府の日本政府に対する規制緩和や構造改革などの要求事項がびっしりと書き並べられた文書である。

『年次改革要望書』では、最近まで五つの優先分野が指定されていた。通信、金融、医療機器・医薬品、エネルギーとならんで住宅分野がそのうちのひとつだったのだ。しかし二〇〇一年版以降の『要望書』からは住宅分野が優先分野から姿を消した。住宅分野に関しては、アメリカは欲しい物をすでに手に入れた、というわけである。

住宅分野に関してアメリカ政府が日本政府へ要求していたのは、ひとことで言えば木材製品の輸入拡大、ということに尽きる。もともと日本はアメリカにとって木材製品の最大の輸出市場なのだが、アメリカはビジネス・チャンスを更に拡大しようとして、過去数年さまざまな要求を日本に突きつけていたのである。日本政府がこれまで建築基準法の改正、「定期借家権制度」の導入や「住宅性能表示制度」の導入など一連の規制改革を進めてきた最大の理由はここにあったのである。

日本政府はなぜ外国業者の利益をはかるのか

私はなにもそれをインサイダー情報や内部告発などによって知ったのではない。アメリカの情報公開法のお世話になったわけでもない。アメリカまで行く必要さえなかった。自宅に居ながらにして、インターネットで誰にでも公開されているアメリカ政府の公式サイトから簡単に知ることができた。アメリカ政府自身が、その事実を公式文書のなかで堂々と公表しているのだから。

それにしても日本の政府はなぜ、外国業者のビジネス・チャンスを拡大するために、審議会に諮問して答申書をつくらせた上で法改正まで行うという、手の込んだ手続を踏んでいるのだろうか。なぜそこまでする必要があるのか。

クリントン政権の考え出した「年次改革要望書」

そもそもこの『年次改革要望書』とはいったいどういうシロモノなのか。日本とアメリカとの外交関係において、それはどのように位置づけられているのだろうか。アメリカ通商代表部の『外国貿易障壁報告書』二〇〇〇年版に、『年次改革要望書』というものが毎年提出されるようになったいきさつが書いてある。それによると、これは一九九三年七月の宮沢首相とクリントン大統領の首脳会談で決まったことらしい。

個別産業分野の市場参入問題や、分野をまたがる構造的な問題の是正を日本に迫るための、アメリカ政府の包括的なアプローチである、と説明されている。わかりやすく言えば、アメリカが日本に外圧を加えるための新しい武器として、クリントン政権が考え出したもの、ということらしい。

この宮沢・クリントン首脳会談のときの政府間合意を根拠として、一九九四年に最初の『年次改革要望書』が提示された。それは三十二ページの英語の文書で、個別産業分野としては農業、自動車、建築材料、流通、エネルギー、金融、投資、弁護士業、医薬・医療、情報通信など、分野横断的なテーマとしては規制緩和や行政改革、審議会行政や情報公開、独占禁止法と公正取引委員会、入札制度や業界慣行、そして民事訴訟制度などが網羅され、まさに日本の産業、経済、行政から司法にいたるまで、そのすべてを対象にさまざまな要求を列挙したものだった。

マス・メディアが今まで報道しなかったこと

日本政府も同時にアメリカ政府に対する要望書を提出することになっていて、表面上は対等かつ双方向という建前になっている。しかしもともとこの要望書は外圧の一手段としてアメリカから提案されたものだ。ことの発端からして双方向ではなかったのである。

外務省の公式ホームページには、日本政府が毎年アメリカ政府へ送った『年次改革要望書』は掲載されているが、アメリカ政府が日本政府へ提示した方は公開されていない。不思議なことにマス・メディアでも従来このことはほとんど報道されていないのだ。

二〇〇三年十月にもアメリカ政府から日本政府へ『年次改革要望書』が出されているが、なぜか主要な新聞はそのことを報道しなかった。二〇〇一年十月のときは、シンガポールで開催されたＷＴＯの非公式閣僚会議の際に田中真紀子外務大臣（当時）がゼーリック通商代表部代表と『年次改革要望書』を交換し合ったということを、十月十五日付けの日本経済新聞が小さなベタ記事で報道した。

しかし「米国側の要望内容は明らかになっていない」として、内容にはいっさい踏み込んでいない。日本の将来にとってこれほど重要な意味を持つアメリカ政府からの公式文書である『年次改革要望書』の全文が日本のマス・メディアで公表されたことはないのだ。それでは、アメリカ政府が日本政府に毎年どんな要求を突きつけているのか、われわれ一般の国民はどうやったら知ることができるのだろうか。

内政干渉を隠そうともしないアメリカ

種明かしをすればどうということはないのだ。アメリカ政府の日本政府に対する『年次改革要望書』は誰でも簡単に読むことができるのである。全文が日本語に翻訳され、在日アメリカ大使館の公式ホームページで公開されているからだ。過去数年のバックナンバーも、すべてそこで日本語で閲覧することができる。

私は大学院の修士論文を書くために、建築基準法の改正についてインターネットでいろいろ調べているときに偶然それを見つけたのだ。なるほどアメリカという国は堂々と構えているものだ。内政干渉の事実を隠そうともしない。伏せようと努力しているのは、干渉している側ではなく、もしかしたらされている側の方なのかもしれない。

要求の進捗状況は日米当局者が点検

『年次改革要望書』は単なる形式的な外交文書でも、退屈な年中行事でもない。アメリカ政府から要求された各項目は、日本の各省庁の担当部門に振り分けられ、それぞれ内部で検討され、やがて審議会にかけられ、最終的には法律や制度が改正されて着実に実現されていく。受け取ったままほったらかしにされているわけではないのだ。

そして日本とアメリカの当局者が定期的な点検会合を開くことによって、要求がきちんと実行されているかどうか進捗状況をチェックする仕掛けも盛り込まれている。アメリカは、日本がサボらないように監視することができるようになっているのだ。

これらの外圧の「成果」は、最終的にはアメリカ通商代表部が毎年三月に連邦議会に提出する『外国貿易障壁報告書』のなかで報告される仕組みになっている。アメリカ通商代表部は秋に『年次改革要望書』を日本に送りつけ、春に議会から勤務評定を受ける、という日々を毎年過ごしているわけである。

通商代表部は経営コンサルタント事務所

ちなみにこの通商代表部は、いちおうアメリカ政府の一部門ということになっており、トップの通商代表も大統領が任命しているが、もともと一九六二年にアメリカ連邦議会の提案によって作られた組織なのだ。

アメリカの外交政策は、政府が代表する対外配慮と、議会が代表する国内利益のきわどいバランスの上で常に揺れ動いてきた。当時アメリカの行政府、なかでも国務省は外交的な気配りを優先するあまり、アメリカ国内産業の利益を犠牲にしていると、議会から不満を持たれていた。アメリカの議員にとっては行ったこともない同盟国（つまり日本）の国益より、選挙区のスポンサー企業や選挙民の声の方がはるかに重要である。そこで大統領や国務省に対するお目付役として議会が通商代表部を新設したのだ。

通商代表部で代表補代理をつとめたグレン・S・フクシマ氏は『日米経済摩擦の政治学』（朝日新聞社）という本のなかで、通商代表部は「政府の官僚機構というよりは、法律事務所や経営コンサルタント事務所にずっとよく似ている」と書いている。言ってしまえば、官製のロビイスト軍団なのだ。しかも悪名高い通商法によって強力な権限が与えられていた。

『外国貿易障壁報告書』も単なる作文ではなく、アメリカ政府が通商法スーパー三〇一条に基づく制裁手続きを開始するときの法的な根拠となっている。もっとも法的根拠といってもそれは国際法に基づくものではなく、アメリカが国内法で一方的にそう決めているだけのことではあるが。

外圧の悪夢は過去の話？

宮沢・クリントン合意によって始められた『年次改革要望書』は、一九九七年六月にデンバーで行われた橋本・クリントン首脳会談で合意された「規制撤廃および競争政策に関する日米間の強化されたイニシアティブ」という名の政府間合意に引き継がれた。クリントン政権はこれを「強化されたイニシアティブ」と略称している。

ここ数年、日本とアメリカとのあいだでは通商問題をめぐる摩擦やゴタゴタがほとんど聞こえてこない。だから外圧の悪夢はもう過去の話だと思っている人が多いと思う。かくいう私もそうだった。民主党のクリントン政権に替わって久々に共和党のブッシュ・ジュニア政権が登場すると、アメリカの有名シンクタンクの所長フレッド・バーグステンらが『ノー・モア・バッシング』というタイトルの日本に対する外圧終了宣言の書を出した。

日本はアメリカにとって最早なんの脅威でもなくなったのだから、アメリカ政府の予算や人的資源をジャパン・バッシングから別の分野に振り向ける必要がある、とバーグステンは説いた。それから約半年後の二〇〇二年六月、アメリカ通商代表部は「日本部」を廃止して、中国や韓国を担当する「北アジア部」に吸収してしまった。アメリカは用済みになったモノやヒトをリストラするのになんの躊躇もしない。当然『年次改革要望書』も廃止されたのだと私は思っていた。

ブッシュ政権でも対日圧力の仕組みは消えていない

ところが、「強化されたイニシアティブ」はブッシュ・ジュニアの共和党政権になってからもちゃんと引き継がれているのだ。二〇〇一年六月のキャンプ・デービッドでの小泉・ブッシュ首脳会談で「規制改革および競争政策イニシアティブ」と名前は変わった。ブッシュ・ジュニア政権はこれを「改革イニシアティブ」と略称している。クリントン民主党政権とともに消え去ったわけではないのだ。

ただし政府間の直接交渉の色彩が弱められ、財界も協議に加わる官民合同方式に改められ、ついでに「要望書」の英文タイトルもSubmissionからRecommendationsに変更された。どの辞書にも書いてあるとおり、前者は「服従・従順」、後者は「推奨・勧告」という意味だが、日本語版では常に「要望書」と翻訳されている。

要するに民主党の流儀から、共和党好みのスタイルに変わっただけだ。アメリカはこの便利な対日圧力の仕組みを簡単に手放す気などまったくないのだ。これからだんだんとご紹介していくように、通商問題とは別の次元の、もっと国家の本質にかかわる分野に焦点が移って活用され続けているのである。

二〇〇三年版にもぎょっとするような生々しいことが

通商代表部「日本部」が廃止された後の二〇〇二年や二〇〇三年の十月にも『年次改革要望書』は発行されている。それらには、電源開発を民営化せよとか、支配的電気通信事業者（NTTのことらしい）に独禁法を適用できるようにせよとか、郵政公社の民営化計画に外資系保険会社にも意見を言わせろとか、ぎょっとするような生々しいことが名指しで書かれている。

日本で大きな議論になっている医療制度改革についてもかなりのページをさいている。アメリカの弁護士やコンサルタントなど抜け目のないプロフェッショナルたちが総出で、日本を研究し尽くして執筆したものであることがうかがえる。まさに数年後の日本になにが起きるか知りたいときには必読の文献である。

ルーツはもっと古くまでさかのぼる

日本とアメリカとのあいだで、十年近く前から続けられている、この不可解な関係。それは日本に対する恒常的な内政干渉としか表現しようのないものだ。私はこれがクリントン政権によって考え出されたものではないかと書いたが、どうやらもっと深い奥がありそうだ。

確かに『年次改革要望書』というものが毎年定期的に出されるようになったのはクリントン政権時代の一九九四年のことだ。しかし実はそのルーツはもっと古くまでさかのぼることができるのだ。そしてそれは日本とアメリカの関係、あるいはアメリカという国の本質にもかかわる問題をはらんでいる。クリントン民主党政権とブッシュ・ジュニア共和党政権がともに使っている「イニシアティブ」という言葉がキーワードなのだ。

対日貿易赤字と日本異質論

アメリカは一九七〇年代のニクソン政権の頃から、対日貿易赤字の原因は日本側にあると非難してきた。そしてGATTの関税交渉、繊維、自動車、半導体、牛肉、オレンジなどの個別分野をターゲットとした二国間通商交渉や円高圧力等々、アメリカはさまざまな戦略を駆使して日本に挑んできたが、結局どれも対日貿易赤字を解決することはできなかった。

その過程でアメリカは、日本の閉鎖的な市場や民間の〝不公正〟な取引慣行、そして経済・社会構造そのものに次第に目を向けるようになり、ついには欧米とは異質な日本独特の価値観や思考・行動様式そのものに問題がある、とまで考えるに至った。

特に一九八〇年代の後半に対日政策の見直しを主張したチャルマーズ・ジョンソン、ローラ・タイソン、ジェームズ・ファローズなどのリビジョニストといわれるジャーナリストや日本研究者が唱えた日本異質論がその理論的根拠とされた。

「外圧で日本の思考・行動様式を変形・破壊すべし」

一九八七年にアメリカの対日貿易戦略基礎理論編集委員会によってまとめられた『菊と刀〜貿易戦争篇』というレポートがある。執筆者名や詳しい内容は公表されていないが、アメリカ・サイドから一部がリークされ、その日本語訳が出版されている（『公式日本人論』弘文堂）。

この調査研究の目的は、日本に外圧を加えることを理論的に正当化することだった。そして結論として、外圧によって日本の思考・行動様式そのものを変形あるいは破壊することが日米双方のためであり、日本がアメリカと同じルールを覚えるまでそれを続けるほかはない、と断定している。つまり、自由貿易を維持するという大義名分のためには、内政干渉してでもアメリカのルールを日本に受入れさせる必要がある、と主張しているのである。

このレポートの執筆者のひとりではないかと推測されるジェームズ・ファローズは『日本封じ込め』（TBSブリタニカ）というエッセイのなかで「叫ぶのをやめて、ルールを変えよう」という有名なせりふを吐いた。こうした声が、アメリカのルールを強制的に日本に受け入れさせること、もっと露骨に言えばアメリカの内政干渉によって日本を改造するという、禁じ手の戦略を正当化することになったのである。そしてそこから導き出されたアメリカの政策こそ、「日米構造協議」と呼ばれた日本改造プログラムに他ならない。

わずか二十分の会談で決まった「日米構造協議」

日米構造協議とは、一九八九年のアルシュ・サミットの際に行われた日米首脳会談の席上でブッシュ・シニア大統領が提案し、宇野首相が受け入れたものだ。わずか二十分間の会談で決まったという。その後、官僚レベルで協議が開始された。

協議の場でアメリカ側が日本に突きつけてきたさまざまな要求は、日本側の官僚が思いもよらないテーマばかりだったという。農作物など具体的な品目を対象としたそれ以前の通商交渉とはまったく様相が異なり、「土地問題」とか「価格メカニズム」といった抽象的なテーマばかりが採り上げられた。分野横断的なテーマは、縦割り行政の壁に分断された日本の官僚が最も不得手とするところだった。

アメリカは「系列」や「談合」といった日本独特の商習慣は外国企業を差別する「非関税障壁で、自由な競争を阻害していると非難して、ただちに撤廃するよう要求した。アメリカは特に談合を厳しく非難し、公正取引委員会による取締りの強化や独占禁止法の運用強化など、日本の制度や政策の詳細に立ち入ってあれこれ具体的な要求を突きつけた。

またアメリカは、日本の「不合理な」流通システムなどが内外価格差を生んでいると主張して規制緩和を要求し、「これは日本の消費者のためにもなる」と恩着せがましく言いふくめた。アメリカの要求はいわば日本という国の改造計画というに等しいものであり、主権国家に対する要求としては例を見ないほどぶしつけで厚かましいものだった。

外圧サマサマの反応も

ＮＨＫ取材班による『日米の衝突　ドキュメント構造協議』（日本放送出版協会）には、アメリカの要求リストを見た日本政府関係者のひとりが「まさしくこれはアメリカの第二の占領政策だ……これが漏れればたいへんなことになる」とつぶやいたというエピソードが紹介されている。実際に当時の外務省は提案の内容が漏れるのを怖れるあまり、担当者が直接関係各省庁を訪れて、その省庁に関係する部分のみを口頭で相手に伝え、回答案の作成を依頼して回ったという。

そんな小手先の弥縫策を講じたところで、アメリカは満を持して日本をまるごと外科手術にかけてやろうと鳴り物入りで乗り込んできているのだから、それを世間に隠し通せるはずもなかった。ほどなくアメリカの要求内容が明らかになるにつれ、財界や業界関係者から、これは内政干渉だと憤激する声が高まった。それは実にまっとうな反応だった。

しかしこの国の不幸は、ひとたびアメリカから圧力がかかると、反発が起きる一方で、「いざ鎌倉」ならぬ「いざアメリカ」あるいは「外圧サマサマ」という反応が同時に現れることだ。このときも「アメリカの指摘は族議員・監督官庁・業界団体が三位一体となった、不透明で腐敗した日本の構造問題を鋭くえぐり出して日本の消費者や国民の前に明らかにしてくれた」と歓迎の辞を述べる声が出はじめた。特に、消費者団体や規制緩和を推進しようとするグループは、アメリカこそ待ち焦がれていた健全野党だと賛美した。

アメリカ政府が日本の消費者のために働くわけがない

アメリカに指摘してもらうまでもなく、日本の制度にさまざまな問題点があることは確かだった。改革が必要な分野も少なくなかった。しかし日本の消費者の利益にもなるなどという理屈で、そもそも外国政府からの内政干渉を正当化できようか。独立国として本来絶対に受け入れられない選択である。

また、消費者の利益を絶対化するのも物事の一面しか見ない浅慮である。国民は消費者としての顔の他に、勤労者や経営者としての顔も同時に持っており、その多くは日本の既存の経済秩序の中で生計を営んでいる。外圧によって日本の社会・経済構造が突き崩され、労働者が職を失ったり、中小企業が倒産に追い込まれ、生活の基盤を失わされるようなことになればそもそも消費どころではなくなってしまう。

「規制緩和」であれ、「民主化」であれ、よその国の政府がわたしたちの国のことに口をはさんでくる場合には、その真意をよくよく推し量ってみる用心深さが必要ではないだろうか。

日米構造協議のときに、アメリカ政府が膨大な人員とエネルギーを費やして日本の商習慣や社会構造を調べあげ、日本の政府に対して改革を繰り返し要求したのは、ほんとうに日本の消費者の利益を改善することに関心があったからだろうか？　アメリカの選挙民や政治献金のスポンサー企業は、アメリカ政府が日本の消費者のために熱心に働くなどということを喜ぶほどおめでたいのだろうか？

「日本のアメリカ支持者を国益に利用するのは戦略」

当時アメリカ通商代表部のウィリアムズ次席代表は、日本の国内にアメリカの主張の支持者を見つけだし、その声をアメリカの国益追求のために利用するのは、れっきとした戦略のひとつだと議会で証言している。保守的なアメリカ人が崇拝している経済学の父アダム・スミスも『国富論』のなかでこう述べている。

「他人にある種の取引を申し出る者は誰でもこのように提案する……われわれが彼等に語るのは、われわれ自身の必要についてではなく、彼らの利益についてなのである。その方がずっと目的を達しやすいからである」

アメリカ政府が日本の国民の利益を強調するとき、それは目的を実現するための戦略に基づく方便に過ぎないことに、わたしたちはもっと注意深くなるべきだ。アメリカ政府の目的は一貫してアメリカ自身の国益の追求、すなわちアメリカの選挙民やスポンサー企業にとってのビジネス・チャンスの拡大にある。これは日米構造協議のときに限らず、こんにちでもさまざまな局面においてあてはまる真理である。

主権国家の対等な交渉ではなかった

もうひとつの問題は、日米構造協議の「協議」の進め方が一方的でなく、対等な主権国家間の交渉としてふさわしいものだったのか、という点である。少なくとも建前としては、日米構造協議は日米双方が相手国の構造的な問題の改善についてお互いに意見を出し合うものだということにされていた。日本政府は当時これを「友好国同志のアイデアの交換」（平成二年版通商白書）と表現している。

しかし現実には、日本の制度をアメリカにとって都合のいいものに変更するよう、アメリカ側が一方的に日本に要求する、というのが実態だったようだ。ほかならぬ当時の日米双方の交渉担当者自身がそのことを述懐している。

通産省で交渉を担当した畠山襄氏は『通商交渉　国益を巡るドラマ』（日本経済新聞社）のなかで日米構造協議を振り返り、「それは『内政干渉』の制度化であった。……それは完全な双方向になっていなかった……米国は、日本の輸入拡大の障害となっている（と彼らが考える）制度について意見がいえるが、日本は……米国の輸入の障害については意見はいえないのだ」と、日米の立場が不平等であったと証言している。

一方、アメリカ側で通商代表部の日本担当部長、通商代表補代理を歴任したグレン・フクシマ氏もすでに引用した『日米経済摩擦の政治学』（朝日新聞社）のなかでもっとはっきり「建前としてはＳＩＩは相互通行の対話という形をとってはいるものの、『本音』としては米国（政府だけではなく広義に議会、産業、報道機関、世論までも含めて）は、ＳＩＩによってできる限りの多くの変革を（米国ではなく）日本が行うことを期待しているのである」と明言している。

「イニシアティブ」というキーワードの重要な意味

そもそも「日米構造協議」という名称自体が日本側による苦心の意訳なのである。英語の原文はStructural Impediments Initiative（ＳＩＩ）となっており、正確には「構造障壁イニシアティブ」と訳すべきものである。アメリカが日本の市場に参入しようとする上で邪魔になる構造的な障害をアメリカ主導で取り除こう、という意味である。

イニシアティブは普通「主導権」と訳される単語で「協議」という語義はない。アメリカ政府の公式文書の日本語版でもInitiativeという原語は「イニシアティブ」とカタカナに置き換えられて表記されており「協議」などとは訳されていない。「主導権」という意味の英単語を日本側があえて「協議」と誤訳しているのは明らかに政治的意図がある。

そして日本語名称から慎重に消し去られたSIIの最後のI、「イニシアティブ」ということの言葉こそ、クリントン民主党政権時代の「強化されたイニシアティブ」、ブッシュ・ジュニア共和党政権の「改革イニシアティブ」として現在まで連綿と引き継がれているキーワードなのである。民主党と共和党を問わず、アメリカの歴代政権が一貫して「イニシアティブ」という言葉に執拗なまでに固執していること、またそれとはうらはらに日本政府がその言葉を使いたがらないことに、わたしたち国民はもっと注意を向けるべきだ。

アメリカ政府はこの「イニシアティブ」という誠に便利で奇怪なメカニズムを駆使して『年次改革要望書』を歴代の日本政府に突きつけることによって、機械仕掛けのように望むものを手に入れてきた。日本の政策課題は、日本人が思いつく以前に、アメリカから宿題として常に与えられてきたのである。日米構造協議は、アメリカの「イニシアティブ」による日本の構造改革という、現在に至るまで日本に深刻な影響を与え続けているメカニズムの原型という点で、歴史的に極めて重大な意味をもっている。

犯人はアメリカ財務省だった

ここでひとつ大きな疑問がわいてくる。二十一世紀に入った現在もなお稼働しているこの大掛かりなメカニズムを発明したのはいったい誰なのか。日米構造協議を日本に提案したときのブッシュ・シニア大統領にその「栄誉」を帰すべきなのか。

ブッシュ・シニアは一期四年のみの短期政権だったし、しかもその任期中は湾岸戦争や冷戦の終結など、中東やヨーロッパで国際的な大事件が頻発し、その対応に追われていた。そのような時期に、日本に関して日米構造協議のような周到な調査と壮大な構想の戦略をじっくり練り上げる余力があったとは到底考えられない。「イニシアティブ」メカニズムを編みだした〝犯人〟は別にいるような気がする。

通商代表部の代表補代理までつとめたグレン・フクシマ氏は、先に掲げた『日米経済摩擦の政治学』のなかで重要な記述をさり気なく残している。一九八九年初頭、日米構造協議のアイディアを思いついたアメリカ財務省が、通商代表部に協力を求めてきたというのだ。意外にも〝犯人〟はアメリカ財務省だった。

どうやらようやく「イニシアティブ」メカニズムのルーツにたどりつくことができそうだ。それは二期八年の長期にわたってアメリカの権力中枢を掌握し、ソビエトを崩壊に追い込み冷戦を終結させたと、保守的なアメリカ人のあいだでいまや神格化されつつある共和党のロナルド・レーガン政権にほかならない。

ルーツは日米円ドル委員会

グレン・フクシマ氏は著書の中で、日米構造協議は一九八九年初頭にアメリカ財務省が発案したと証言している。発案者が対日交渉を直接担当する通商代表部や国務省ではなく、なぜ財務省だったのか。日米構造協議のような大掛かりな「イニシアティブ」メカニズムは、それまでの財務省の政策的蓄積の中からヒントが汲み出されてきたはずである。

ここでフクシマ氏の証言のなかの「一九八九年初頭」というタイミングに注目したい。一九八九年初頭といえば、ブッシュ・シニア政権はまだ発足した直後だ。そうすると、その前任のレーガン政権時代に財務省が行ったことのなかに、日米構造協議を思いつくようなヒントがあったのではないだろうか。

結論を先取りして言うと、それは「日米円ドル委員会」なのである。日米円ドル委員会こそ、アメリカが主導権を発揮して日本の内政に干渉し、日本の制度をアメリカにとって都合のいいものに変えさせたメカニズムのまさに原型なのである。

それは一九八三年から八四年にかけてのことであった。当時アメリカのレーガン共和党政権は、対日貿易赤字は円安のせいで、円安は日本の金融市場が閉鎖的なことが原因だと批判して、日本に対し円の国際化と日本の金融資本市場の開放を強く要求していた。

アメリカが日本に対して要求していた幾つかの項目は一九八三年十一月、当時のドナルド・リーガン財務長官と竹下蔵相とのあいだで合意された。このとき合意された内容がきちんと実施されるかどうかフォローすることと、アメリカの追加要求を引き続き交渉していくための枠組みとして、一九八四年二月に設置されたのが日米円ドル委員会である。

日本側の反論とアメリカの恫喝

アメリカの市場開放圧力に抵抗して日本側は、円安ドル高はむしろアメリカの高金利と巨額の財政赤字が原因で、日本の金融市場問題とは関係がなく、たとえ市場を開放しても円高になるとは限らない、そもそも就任以来「強いドル」政策を推進してきたのはレーガン政権自身ではないか、と反論した。

日本の生意気な反抗にリーガン財務長官は激怒したという。C・フレッド・バーグステンとジェフェリー・A・フランケルの共著『円・ドル合意後の金融市場』（東洋経済新報社）によると、一九八四年三月に来日したリーガン財務長官は、東京での講演で「忍耐にも限度がありま す。……もうこれ以上、我慢ができません。……日本もナンバー・ツーなら、ユニークな存在になるためもっと努力すべきだと我々はいっているのです」と不満をぶちまけ、その口調には敵意さえ感じられたという。

結局アメリカの恫喝に抗しきれず、八四年五月に『日米円ドル委員会報告書』がまとめられた。そのなかで日本は預金金利の自由化、銀行（外銀を含む）による国債ディーリングの解禁、ユーロ円市場の規制緩和、そして外国金融機関の日本の金融資本市場への参入といった措置を約束させられた。それらの措置は日本にとっても確かに悪いことばかりではなかった。預金金利の自由化は、日本の銀行にとっては痛手だが、預金者や企業にとってはよいことだった。一方、国債ディーリングの解禁やユーロ円市場の規制緩和は、銀行にとって証券業務や国際金融業務を拡大するチャンスだった。

アメリカからの外圧と「トロイの木馬」

私事で恐縮だが、私が銀行に入行したのはまさにこの日米円ドル委員会が開催された一九八四年のことなのだ。当時の銀行業界は「国債化と国際化、二つのコクサイ化」などと大はしゃぎで、新しい儲けのチャンスに目を奪われており、アメリカからの外圧を警戒するどころかむしろ歓迎さえしていたのだ。日本の銀行は証券部門を次々に設立して、若手の行員を大量に投入し始めた。

そうした流れに巻き込まれて、私も入行三年目に証券投資部門に配属され、銀行に就職したにもかかわらず、株や債券に投資する業務を担当することになったわけである。しかし今から思うと、われわれ銀行員は「トロイの木馬」を演じていたことを自覚していなかった。「これは日本の利益にもなる」という、いつものアメリカのおためごかしのレトリックにすっかり乗せられてしまったのだ。

思わぬ仕掛け人も

ところで日米円ドル委員会には思わぬ仕掛け人がいた。さきほど紹介した『円・ドル合意後の金融市場』という本のなかでジェフェリー・A・フランケルが裏話を書いている。それによると、一九八三年当時、アメリカのキャタピラー・トラクター社のリー・モーガン会長は小松製作所との商戦に苦戦していた。

モーガン会長は、小松に勝てないのは円安ドル高のせいで、これは日本政府が卑劣にも為替レートを意図的に円安に誘導して輸出企業を支援していることが原因だと考えた。そこで日本との競争に勝つためには、日本の金融市場を開放させ、アメリカが日本の金利や為替レートに影響を与えて円高になるよう操作できるような構造に変えるべきだとホワイトハウスや財務省に陳情したという。

アメリカ財務省はこれに飛びついた。対日貿易赤字問題の解決を口実に日本に金融・資本市場の開放を迫れば、キャタピラー・トラクター社などアメリカの輸出企業が喜ぶだけでなく、ついでにアメリカの金融機関が日本に進出する突破口にもなると考えたのだ。

日本に対する要求リストに、外資系銀行に信託業務を認めろとか、外資系証券会社に東証会員権を開放しろ、などという円安ドル高問題とはなんの関係もない項目が急いで書き加えられた。こうしてアメリカの輸出産業とウォール街の金融業界の期待とバックアップを受け、アメリカ財務省がイニシアティブを発揮して、日米円ドル委員会という便利なメカニズムが開発され、日本の金融制度の大改造を主導したのだ。

そして誰あろう、他でもないドナルド・リーガン財務長官そのひとが、ウォール街を代表する証券会社メリルリンチ社の元会長としてレーガン政権に送り込まれていた人物だったのである。

プラザ合意と新通商政策のタイミング

アメリカが主導権を発揮して日本の内政に干渉し、日本の制度をアメリカにとって都合のいいものに変えさせる「イニシアティブ」メカニズムのルーツは、レーガン政権時代の日米円ドル委員会にあった。そして翌一九八五年、二期目に入ったレーガン政権は対日政策を急激に転換していく。

まず、同年九月の「プラザ合意」によって、レーガン政権は「強いドル」政策と自由放任主義の二枚カンバンをかなぐり捨てて、為替レートを人為的にドル安に調整する禁じ手に踏み切る。当時、新米の銀行員だった私は、三連休明けに出勤してみたら、先週末よりいきなり十二円も円高ドル安になっていたので度肝を抜かれた。一日に二円も相場が動いたら大騒ぎになった時代だ。ベテランの女子行員が取り乱しながら必死になって顧客に電話していたのをいまでも鮮明に覚えている。

そしてプラザ合意発表となんと同じタイミングで、レーガン政権は「新通商政策アクション・プラン」を発表したのである。そのなかでレーガン政権は、外国の〝不公正〟な貿易慣行をやめさせ、公正な貿易を実現するために二国間交渉を強化していくと同時に、輸出を促進するためにアメリカ企業の国際競争力を強化していく、と宣言した。

アメリカの貿易赤字の最大の相手国は日本なのだから、不公正な貿易慣行をやめさせる二国間交渉の主要な相手として日本が想定されていることは誰の目にも明らかだった。プラザ合意と新通商政策の発表が同じタイミングだったということは、アメリカがあらかじめこの二つをセットで準備を進めていたことをうかがわせる。

名高い悪法「スーパー三〇一条」

この新通商政策にそってレーガン政権は一九八八年八月に「包括通商・競争力法」を制定した。なかでも悪名高いのが一方的報復条項である三〇一条である。これは後に制裁措置を発動する権限が大統領から通商代表部に移譲されることになり「スーパー三〇一条」とよばれるようになった。これこそアメリカのユニラテラリズム（一方的行動主義）の権化みたいな悪法である。

アメリカ企業が外国の主権国家を〝不公正〟の罪で一方的に告発することができるようになっている。国際礼譲などあったものではなく、他国を見下した身勝手な独善である。そもそも〝不公正〟の定義が曖昧で、条文には具体的に記載されていない。要はアメリカにとって不利益なものはすべて〝不公正〟と決めつけられるわけだ。これ以降日本は、アメリカとの通商摩擦に苛立たされる、うんざりするほど長くて苦しい時代に見舞われることになる。

「日本に負ける」という危機感

個々の紛争については、私もいまさら詳しく調べてみる気にはなれない。しかし日本とアメリカの関係を考えるうえで、共和党レーガン政権二期目のはじめにアメリカが行った方針転換がもっている重要性、それがこんにちの日本にも影を投げかけている意味については、いくら強調してもしきれないように思う。

一九八五年九月に同時に発表されたプラザ合意と新通商政策はともに、経済活動に対してアメリカ政府が積極的に介入していくことを意味していた。しかしレーガン大統領自身の長年の政治信条は経済活動に対する自由放任主義だった。それを一部とはいえ放棄するのだから、政治家としてよほどの決意だったはずだ。

実はこの年アメリカは七十年ぶりに対外純債務国に転落し、日本は逆に世界最大の純債権国になっていた。レーガン政権の、いやアメリカという国家の路線転換は、まさに「日本に負ける」という危機感によって引き起こされたのだ。

レーガン大統領のプラザ合意と新通商政策の同時発表は、一九七一年のニクソン大統領による金ドル交換停止と一方的なドル切り下げ、いわゆる「ニクソン・ショック」をどこか思い出させるところがある。ニクソン・ショックはもちろん同盟国日本を名指しして標的にしたものではない。しかしニクソン大統領は、日本の敗戦記念日である八月十五日をあえて発表の日に選んで政治的メッセージを匂わせたという。

共和党は日本に手厚いか

日本では一般的に共和党の方が民主党より日本に対して手厚いという受けとめ方がある。確かに沖縄を返してくれたのはニクソン大統領だ。レーガン大統領は当時の日本の中曾根首相と「ロン・ヤス関係」と呼ばれるほど親密だと言われた。しかしその一方でレーガン政権は、日米円ドル委員会、プラザ合意、新通商政策など日本を標的とした画期的な戦略を次々と打ち出してきた。

もちろん当時民主党が支配していた議会の圧力が背後にあったことは事実だ。日本はしばしばレーガン政権の高官から「われわれ共和党政権は、民主党が支配する議会の保護主義圧力から必死になって日本を守ってやっているのだ」と恩着せがましく言われたものだ。

しかしその一方で、レーガン政権が自らの失政のツケを、同盟国に払わせようというエゴむき出しの身勝手な注文をしてきたのもまた事実だった。レーガン政権は、アメリカの財政赤字は対外不均衡が原因だと主張して、黒字国日本とドイツ（当時は統一前の西ドイツ）に内需拡大や協調利下げを迫ってきた。

だが、アメリカの財政赤字はもともと極端な減税と膨大な国防予算というレーガン自身の政策がつくりだしたものであって、日本やドイツにはなんの責任もなかった。

ドイツと結託してアメリカに対抗することもできたはず

当時の西ドイツ連銀のカール・オットー・ペール総裁は徹底的に抵抗し、ついに利下げに応じなかった。日本はドイツと結託してアメリカに対抗することもできたはずだが、むしろ日本国内ではドイツを非難する声が一斉に沸き起こった。

その頃私が市場のこぼれ話として漏れ聞いたところでは、「西側の結束を乱した西ドイツはけしからん。ここは日本が頑張って共和党政権を支えなきゃならん」という考え方が日本の当局者たちのあいだで主流を占めていたようだ。対日強硬派がひしめく民主党が政権をとったら一大事だと〝深慮遠謀〟をめぐらせていたらしい（どこかで聞いたような話だ。「イラク問題で国際社会の結束を乱したフランス・ドイツはけしからん。ここは日本が頑張ってブッシュ・ジュニア政権を支えなきゃならん。アメリカが北朝鮮から守ってくれなくなったら一大事なのだから、ここは深慮遠謀をめぐらせなければ……」これは民主党の脅威を北朝鮮の脅威に入れ換えただけのワンパターンの思考回路のような気がするのは私だけだろうか……）。

アメリカに点数を稼ごうとしてバブルを生み出した

「優等生気質」の日本はここで点数を稼いでドイツに差をつけようと一心不乱に内需拡大と金融緩和に励んだ結果、前代未聞のとてつもないバブルを生み出してしまい、一九九〇年代をまるごと棒に振った。一方ドイツはその間着々と長期的な戦略をもってヨーロッパ統一に取り組み、ついに通貨統合も実現してアメリカに対抗しうるユーロ経済圏を創設に導いた。イラク攻撃をめぐる国連安保理外交でも見せつけたように、いまやアメリカの言いなりにならずにやっていこうと踏ん張るだけの基盤を築き始めている。

日本が捨て身で支えたおかげかどうかはわからないが、アメリカの大統領選挙ではブッシュ・シニアが民主党のマイケル・デュカキス候補に勝って共和党政権が維持されることになった。しかし新政権が発足してブッシュ・シニア大統領から通商代表に任命されたカーラ・ヒルズ女史は就任記者会見にカナテコを持参して登場し、「これでどこかの国の閉鎖的な市場をこじ開けてみせる」と宣言したのだ。やがてブッシュ・シニア政権が末代まで祟る日米構造協議（正しくはＳＩＩ、構造障壁イニシアティブ）を打ち出したことは、すでにふれたとおりである。

老獪なアングロ・サクソンに善意を期待するのは危険

こうしてみると、ニクソン・ショックにせよ、プラザ合意や日米円ドル委員会にせよ、日米構造協議にせよ、日本という国家の存立にかかわるような、システムの根幹を揺るがす致命的な攻撃を浴びせてきたのはむしろ歴代共和党政権だったということに気づく。

もちろん、だからといって民主党の方がましだと言っているのではない。クリントン政権時代の日米関係は戦後最悪だった。特に一九九八年のクリントン訪中の頃はひどかった。しかし民主党はたんにあからさまなだけで、アメリカの国益のためには日本など容赦しないという基本方針では共和党も民主党も大差ないのではないか。

むしろ民主党（主としてクリントン政権のイメージだが）が、けたたましく叫びながら手当たり次第に肉や皮を斬りつけてくるとすれば、共和党は静かに微笑みながら、後ろから背骨の急所を狙って刺そうとする凄味を持っているような気がする。しかしそのことで民主党や共和党に文句を言ってみてもはじまらない。アメリカの政党である以上、アメリカの選挙民の利益を最優先するのは当たり前だからだ。同盟国なんだから日本の立場も考えてくれているはずだなどと幻想を抱く方がどうかしているのである。老獪なアングロ・サクソンを前にして、彼らの善意を期待するなど危険なほどナイーブなのではないか。

「史上最も偉大な大統領」に選ばれたレーガン

二〇〇〇年に実施されたアメリカのある世論調査で、「アメリカ史上最も偉大な大統領」に選ばれたのは、独立宣言を起草したジェファソンでも、奴隷解放宣言を出したリンカーンでもなく、なんとロナルド・レーガンだったという。この世論調査の結果は、こんにちのアメリカ人の価値観を強く示唆していると思われる。

それにしてもなぜレーガンなのか。表向きは、ソビエトを「悪の帝国」と名指しして軍拡競争で崩壊に追いやり冷戦を終結させた、ということが理由に挙げられている。だが私は、隠されたもうひとつの理由があるのではないかと推測する。レーガンが史上最も偉大な大統領に選ばれたのは、アメリカにとって最大の軍事的ライバル・ソビエトと、最大の経済的ライバル日本という、ふたつの強大な敵を打倒したと、多くのアメリカ人が考えているからではないか。

一九九八年の十二月、日米の失業率が戦後初めて逆転。二〇〇二年五月、アメリカの格付会社が日本国債の格付けをボツワナより下に引き下げ。こんにちの日本経済の惨状を踏まえたうえで、レーガン政権下の日米円ドル委員会に始まり、ブッシュ・シニア時代の日米構造協議、クリントン政権以来現在まで継承されている『年次改革要望書』まで一貫して連なる「イニシアティブ」メカニズムの系譜をあらためて振りかえってみると、レーガンに対するアメリカ人の評価があながち過大ではないような気がしてくるのだ。

ソビエトの軍事力より日本の経済力のほうが脅威

一九八九年八月『ビジネス・ウィーク』が発表した有名な世論調査がある。ソビエトの軍事力を脅威と感じるアメリカ人二二%に対し、日本の経済力を脅威と感じるアメリカ人は六八%もいたのだ。この世論調査の結果はアメリカではしばしば引用され、長く語り継がれた。

入江昭、ロバート・A・ワンプラー共編『日米戦後関係史　パートナーシップ1951―2001』(講談社インターナショナル)という論文集に、トマス・W・ザイラーというコロラド大学教授の「ビジネスは戦争」という論文が収録されている。非常にエキサイティングな論文なので、少し引用してみたい。

「一九七〇年以降、日本はアメリカの経済的支配に対して攻撃……を仕掛けた」「日本は産業スパイを活躍させたこともあった。また、市場を守るためならなんでもありの非関税障壁という小ずるい装置を押しつけた場合もある」

「アメリカの主要市場の日本支配や対米貿易黒字、コロンビア映画やロックフェラー・プラザなどの日本資本による購入は、真珠湾後の大東亜共栄圏を目指した日本軍の無敵の南進にそっくりである」「褒美は莫大だった。青木建設は八七年にウェスティン・ホテルを買い取った。三菱地所は八九年にロックフェラー・センターを買い、ソニーはコロンビア・ピクチャーをと後に続いた。……アメリカ人の目から見ればこれは『ワールドシリーズを売るか、母親を売る』のに等しい」

日本がアメリカの資産を買いまくったのはプラザ合意のおかげ

アメリカ人は、コロンビア映画とロックフェラー・センターを日本に買収されたのがよほど悔しかったらしい。しかしこの頃、日本がアメリカの資産を買いまくることができるようになったのは、プラザ合意によって人為的に急激な円高ドル安を進めた結果にほかならない。それは輸出で黒字を稼ぎまくる日本を円高によって懲罰するためにアメリカ政府自身が立案した戦略だった。

アメリカは、自分が蒔いた種で将来「母親を売る」はめになるとは思いもよらなかったのだろうか。イランを叩くために自らイラクに軍事支援しておきながら、イラクが強くなり過ぎたことに気づくと慌てて戦争を仕掛けて潰しにかかる。あとさきのことを考えずに短絡的な行動に出ては将来に禍根を残す愚行を繰り返すのが、この国の習い性のようだ。

だが、他国の浅はかさを笑っている場合ではない。わたしたち日本人も、喉元を過ぎると熱さを忘れてしまい、歴史から教訓を学ぶことが少ないような気がする。また、目の前の課題を処理するのに忙しいあまり、長期的な視点から大きな流れをじっくり見極めたりする時間がない。毎日膨大な情報が押し寄せてくる。済んだことにいちいちかかずらっていたら時代の波に乗り遅れてしまう。

私が阪神・淡路大震災と建築基準法改正にまつわる小さな疑問から出発して、とうとうレーガン政権までさかのぼってしまったことを、途方もない徒労だと憐れむ人がいるかもしれない。だが、歴史をきちんと検証しておかないと、とんでもない思い違いをしたまま、いつまでも致命的な判断ミスを繰り返すことになりはしまいか。

トマス・W・ザイラー教授の「ビジネスは戦争」という過激な論文が収録されている『日米

戦後関係史　パートナーシップ１９５１―２００１』という本は、「A五〇実行委員会」という組織がプロジェクトとしてまとめたものだ。

この組織はサンフランシスコ講和条約締結五〇周年をお祝いして、「アメリカおよびアメリカ国民が差しのべてくれた支援に対して日本国民としての謝意をきちんとしたかたちで表明」するために、日本の民間有志が立ちあがった草の根運動だと紹介されている。ちなみに「A五〇」の「A」というのは「アメリカのA」、「アプリシエーション（感謝）のA」、「ありがとうのA」だそうだ。

3　この世はアングロ・サクソンの楽園

バブル経済の破裂

二〇〇三年三月十日。この日、日経平均株価は八、〇〇〇円を下回って大引けとなった。ほぼ二十年前の一九八四年、株価は初めて一万円の大台に乗った。前にもご紹介した私事だが、それはちょうど私が大学を卒業して大手銀行に就職した年だった。まもなく日本はバブル経済に突入し、わずか五年後の一九八九年の年末、日経平均株価は四倍近くに膨れあがり、三八、九一五円という歴史的高値をつけた。しかしその瞬間、バブルは文字通り一抹の泡のごとく破裂した。そして十数年たったいまも株価は低迷し続けている。

私が就職した銀行には、従業員持ち株制度というものがあった。毎月の給料から天引きされて自社株を買わされる制度だ。強制ではなかったが、それは愛社精神のバロメーターとしても見られたことは否定できない。給料天引きシステムを通して、人事部はすべてを把握することができたからだ。

私も新入社員のときから持ち株会に加入した。その後、バブルの最盛期に、勤務先の銀行が大規模な増資を実施したことがあった。そのとき銀行は内部の職員に対しても持ち株会とは別に増資に応募するよう働きかけ、私の職場にも増資の申し込み用紙が回覧として回ってきた。もちろん強制ではなかったが。当時銀行の株価はすでに個人が手を出すのはためらわれるような高値まで値上がりしていた。だが、ここは愛社精神の見せどころと思ったのか、わざわざ借金してまで増資に応募した職員も少なくなかった。銀行が強制などしなくても、むしろ職員の方が競って応募したのだ。

しかし臆病な私には増資に応じるのは危険が大き過ぎるように思えた。結局そのとき職場で応募しなかった総合職の男性は私ひとりだった。同僚たちは信じられない、といった面もちで私を見つめたものだ。しかし応募を拒否したからといって、その後私が職場や人事面で不利な扱いを受けたことは一度もなかった。愛社精神が希薄な私もさすがに持ち株会だけはその後も継続した。

株価に翻弄された人生

バブル崩壊から数年を経た一九九七年の暮れ、私は銀行を退社した。そのとき私は持ち株を解約して市場ですべて売却した。当時その銀行の株価は一、七〇〇円台で、すでにバブルの絶頂期から大幅に値下がりしていたが、それから五年たった二〇〇三年三月末には、さらにその四分の一以下の水準に下落してしまった。

大学を卒業して社会人になってからこのかた、私はバブル経済の始まりから、それが崩壊してもとの木阿弥になるまでのすべてを、我が身を以て経験させられたことになる。この二十年という歳月を顧みると、私は底知れない虚無感に囚われざるをえない。それは私という個人にとっても、日本という国家にとっても、株式相場に振り回された二十年だった。自分の人生や祖国の盛衰を、株価のチャートに重ね合わせてみることほど虚しいことはないではないか。

企業業績と会計

株価というものは、個々の企業の業績を反映して動いている。企業の業績というものは、毎年の決算書で公表される。決算書はいわば企業の通信簿のようなものだ。これに対し株価はたとえてみれば企業の人気投票の結果のようなものと考えればよい。株式市場の世界では通常、通信簿の成績の良い企業の人気が高い。このように株価の動きと企業の業績は、切っても切れない関係にある。

そして、企業の業績を表す決算書をどうやってつくるかとか、株価の動きを決算書にどう反映させるかという基本的なルールが「会計基準」と呼ばれるものである。

会計は、多くの読者にとってなじみがない話題だと思う。ビジネスマンでも「会計とは縁がない」という人がほとんどだろう。私も会計の詳しい中身についてここで説明するつもりもないし、能力もない。ただ、その国際的な統一ルールがいかにして決められているかということは、わたしたち国民の利害にもかなりの影響があるので、ぜひとも知っておいて頂きたい。ここまで本書を読み進めてこられた方ならきっとご関心のあるテーマにつなげていくことをお約束するので、すこしのあいだご辛抱願いたい。

会計基準の国際的統一

会計基準は現在、国によってバラバラである。それぞれ国の歴史や考え方が違うのだから、それぞれ違ったルールを持っているのは当然である。しかし経済のグローバル化に伴って、国境を越えてカネが動くようになると、ルールがバラバラではいろいろ支障が生じてくる。

日本の投資家が海外企業の株式に投資しようとしたり、外国企業が日本企業を買収しようとするときに、企業の成績表である決算書のルールが違うと比較が出来ず、投資や買収の是非が判断できない。そこで、この基本的なルールである会計基準を国際的に統一することが現在急速に進められているのである。

ここで注意しなければならないのは、新しく決められた国際統一ルールが、もし自分の国のルールと大幅に違っていたら一大事だということである。その国は、これまで長年築き上げてきた自国のルールを放棄して、新しいルールに合わせていろいろ制度や法律を改正しなければならないし、それには膨大なコストがかかるのである。コストがかかるだけでなく、自国のルールを国際統一ルールに合わせること自体が不利になるケースも少なくない。

そこで、国際統一ルールを決めるに際しては、当然各国は少しでも自国のルールを温存し、自国に不利なルールを排除しようと努力して交渉の場でしのぎを削ることになる。第一章でご紹介した、アメリカと中国が熾烈な駆け引きを演じていた建築家の資格制度の問題と、本質的には同じなのである。

アングロ・サクソンの意のままに

会計の国際統一ルールは、「国際会計基準理事会」という組織で現在交渉が進められている。その理事会の人事が新聞で報道されたとき、私は思わず我が目を疑った。定員十四名の理事の国籍の内訳を見ると、イギリス人が正副議長を含む四名、アメリカ人が三名、ドイツ、フランス、スイス、カナダ、オーストラリア、南アフリカ、日本から各一名となっている。

世界に共通するルールをつくるのだから、アメリカ、ヨーロッパ、アジア、アフリカ、オセアニアの五大陸は一応形式的には網羅されている。しかし実際にはイギリスとアメリカの二ヶ国だけで定員の半数を占めているのがまず尋常ではない。さらによく調べてみると、アフリカ大陸の代表は黒人ではなく、南アフリカの「少数民族」であるアングロ・サクソン系白人で、しかもよりによって「アングロ・アメリカン」という名の企業の副社長だというから念が入っている。

つまり米英二ヶ国に、イギリスの植民地だったカナダ、オーストラリア、南アフリカの旧英連邦諸国を加えると、アングロ・サクソン系だけで約七割を占めるという、露骨に偏った人種構成となっているのだ。これではアングロ・サクソンとは歴史や伝統の異なる日本やドイツ、フランスなどがいくら異議を唱えても、少数意見として葬り去られてしまう。

ましてや中国や韓国などのアジア諸国、インドやブラジルなどの発展途上国、ロシアや東欧などの旧ソ連圏諸国、サウジアラビアやエジプトなどのイスラーム諸国は、はじめからまったくの蚊帳の外に厄介払いされている。

またしても「いま世界は、ビジネスへの参加能力をもつ国とそうでない国にわかれてしまっているのではないか。世界貿易センターでそんなことを考えた」という司馬遼太郎の警句が思い出される。

冒頭で触れたように、会計基準は企業の業績や株価に影響を与える重要なルールである。企業の生殺与奪の権を握り、一国の経済を左右するといっても過言ではない。その国際統一ルールと称するものが、ひとりアングロ・サクソン民族の意のままに決められようとしているのだ。そんなことは数世紀も前から続いていることではないかと言われればそれまでだが、少なくともアメリカの専売特許であったはずの手続きとしての「民主主義」は、いったいどこに消えてしまったのだろうか。

アメリカが他を圧倒

国際会計基準理事会という組織は、アメリカが突出した存在感で他の国々を圧倒しているのが実態である。理事の人選を行った指名委員会の代表には、アメリカ資本主義の監視役として権威を誇る証券取引委員会（SEC）のアーサー・レビット委員長（当時）自らが就任している。さらに理事会の予算の権限を握る評議委員会の議長には、アメリカの連邦準備制度理事会（FRB）のポール・ボルカー前議長が送り込まれている。ボルカーはかつて八〇年代に、大統領に次ぐ権威を持つと言われた超大物である。

アメリカは国際会計基準理事会の運営のイニシアティブを掌握すべく不退転の構えで臨んでいるのだ。国際統一ルールの制定が、これほど露骨にアングロ・アメリカ勢に牛耳られているケースが他にあるだろうか。自分たちのルールを国際統一ルールにできるかぎり反映させ、自分たちに有利な国際秩序をつくり出すことを、アングロ・サクソン諸国、とりわけアメリカがいかに重要視しているかということが如実に現われている。

日本のあまりに惨めな状況

一方、日本はたった一名の理事の派遣すら一時は危ぶまれるという惨めな状況だった。理事会の運営資金の約一四％を拠出しているにもかかわらず、日本は「国内体制の不備」を理由として、理事会への参加資格にアングロ・サクソン勢から異議を申し立てられたのだ。最終的には滑り込みで一ポストを確保することができ、国際会計基準の決定プロセスから完全にシャットアウトされてしまうという最悪の事態だけはからくも免れることができた。世界第二の経済大国だと自負していても、いざというときにこのような扱いを受けるのが日本の実情なのだ。

二〇〇一年五月にロンドンで理事会の初会合が開かれた。そのとき日本人の理事は、日本特有の事情にも配慮してくれるよう求めたところ、大半の理事から一斉に反駁されたという。会議はあたかも初めから結論ありきで、日本の主張などはまったくかえりみられなかった。あらかじめ予測されたことである。理事会人事の国別構成からすれば多勢に無勢だ。アングロ・サクソン勢は最初から、日本の要求を受け入れる意志など毛頭無いのだ。ずらりと居並んだ十数人の白人を相手に孤軍奮闘している、たったひとりのアジア人の姿が目に浮かぶ。

早くから多数派工作をやるべきだった

すっかりアングロ・サクソン主導で進んでいる国際会計基準をめぐる交渉のなかで、いまさら日本が自国の利益や特殊事情を主張しようと、またその主張にどれほど正当性があろうとも、もはや理事会で多数派を得るのは不可能である。国際的な統一ルールを決めるということは、そもそもヘゲモニーを争奪する闘いなのであり、どちらが正邪かを問う神学論争ではないのである。

アングロ・サクソンの主張がまかり通っているのは、彼らの価値観が正しいからでも優れているからでもなんでもなく、単に多数派を制する狡知にたけていたということに過ぎない。日本が本気で自国の利害を国際的な統一ルールに反映させたいと望むのなら、NIESやASEANなどのアジア諸国を仲間に引き入れ、ヨーロッパ大陸のフランスやドイツと連携し、早い段階から多数派工作を展開すべきだったのだ。これこそ本来、日本が採るべき戦略であった。

しかしこれまでわれわれは、世界第二位の経済大国という看板に慢心し、ただひたすらアメリカに追随することだけで大過無く過ごしてくることができたため、アメリカ以外の国々との連携プレイや国際世論の多数派工作によってアメリカを牽制する、などといった発想に乏しかったのではないか。

気がついてみると、頼りにしていたアメリカはイギリスやオーストラリアなどアングロ・サクソン同士で排他的なサークルをつくって盛んに活動しており、そこには日本の席など無い、ということを今やっと思い知らされたのだ。

ライバルなしのアメリカに門前払いを喰わされた

冷戦時代には、ソビエト陣営という強力なライバルと対抗するため、アメリカは少しでも自分のクラブの会員数を増やす必要があった。しかし今やライバルはいなくなり、アメリカは唯一のクラブの主宰者となった。かくしてアメリカは、自分のクラブの会員資格を改めて見直し、正会員と準会員の厳しい選別を暗黙裡に始めた、というわけである。

ひたすらクラブに忠誠を尽くしてきた日本は、いまやすっかり軽んじられ、「ここはもうお前の来るところではない」と、冷ややかに門前払いを喰わされつつあるのではあるまいか。

国際会計基準問題は戦争である

日本経済新聞記者の磯山友幸氏は『国際会計基準戦争』（日経BP社）という著書のなかで、国際会計基準問題をいみじくも「戦争」になぞらえているが、まったく同感である。ただし磯山氏は「日本には日本のやり方がある」と固執するのはナンセンスで、むしろ明治維新のときのように〝お雇い外国人〟を雇って日本の改革のリーダーシップをゆだねるぐらいの方がよいという立場から主張を展開されており、やや意外だった。

だが事実関係については氏の著作、というより氏がこれまで日本経済新聞に執筆してこられた記事から私は多くを教えられた。それらは署名のない場合が多かったが、磯山氏は十年も前から会計がらみのニュースに特別な関心を持って記事を書いてこられたという経緯を私はこの著作を通じて知った。そしてあらためてスクラップ・ブックを読み返してみて、それらがひとりの記者の信念の賜物であったのかと深い感銘をおぼえた。磯山氏のような慧眼と調査報道的な問題意識をもった優れたジャーナリストが日本にはさまざまなジャンルでもっと必要であるように思う。

日本の「国内体制の不備」とは

ところで、日本が理事会から締め出されそうになったときに指摘された「国内体制の不備」とはいったいなんだったのか。それは、日本では会計基準の制定作業が民間ではなく「官」主導で行われている、ということだったという。

それのどこがいけないのかというと、アングロ・サクソン諸国では民間の独立機関が会計基準を決定しているから、だそうだ。日本ではこれまで金融庁長官などの諮問機関である企業会計審議会により官主導で会計基準が制定されてきており、アメリカの制度に相当するような民間の独立機関が存在しないことが「不備」だと指摘された。

しかし民間の基準しかなく、公的な基準が存在しないアングロ・サクソン諸国の制度の方こそ、むしろ「不備」なのではないかという議論がなぜ出てこなかったのであろう。アングロ・

サクソン諸国ではそうなっているから他の国々もそうしなければならないということで済まされてよいものだろうか。世界の国々は歴史的・社会的な背景が異なっており、それぞれ固有のやり方が存在するのはごく当たり前のことだと思うのだが、アングロ・サクソンの眼から見ると、自分たちと異なる制度はすべて「不備」と映るようである。

かつて大和銀行ニューヨーク支店や山一證券の簿外取引による損失隠しが発覚したころ、アメリカは日本の会計・監査制度の「後進性」を口を極めて非難したものだ。そして日本の会計・監査制度に対する不信感を露骨に表すようになった。

エンロン事件とアメリカの会計制度のとてつもない欠陥

しかし二〇〇一年に起きたエンロン事件のお陰で、アメリカの会計制度にも、とてつもない欠陥があることが露呈した。エンロンというのは、かつて「アメリカで最も革新的な企業」として賞賛され、アメリカの市場経済至上主義を体現したモデルといわれたエネルギー会社だが、二〇〇一年の暮れに突如破綻し、アメリカのみならず世界経済に衝撃を与えた。

破綻後まもなく、エンロンは不正な会計操作を繰り返して、破綻する直前まで経営実態を隠蔽していた事実が次々に発覚し、同社の会計監査を担当していた巨大会計事務所のアーサー・アンダーセンにも疑惑が飛び火した。組織ぐるみで証拠隠滅をはかっていたことが明るみに出て、ついに世界五大会計事務所のひとつとして絶大な力を誇っていたアンダーセンが解体に追い込まれる深刻な事態となった。

さらにワールドコム、Kマートといった他のアメリカ企業の似たような不正会計疑惑も次々と表面化し、「不正会計の連鎖」と呼ばれるようになった。こうした一連の経緯は、世界でもっとも先進的で信頼できるとされていたアメリカの会計基準や会計事務所に対する根本的な疑問を世界中の人々に抱かせた。

そうした不信感を急いで払拭しないと投資資金がいっせいに引き揚げられ、アメリカの株式相場が崩壊しかねない。そこでアメリカ政府は「企業改革法」をつくって異例の早さで成立させ、不正行為に対する罰則を強化するとともに、会計事務所の監査業務を監督する「上場企業会計監督委員会（PCAOB）」という機関を新設した。

すると日本では「さすがにアメリカは問題解決が素早い、アメリカ資本主義の自浄能力はやっぱり素晴らしい、日本も早く見習わなくては」とアメリカ礼賛がすぐに広がった。しかし実態はそれほど麗しくも単純でもないことが早くも数ヶ月後に露呈した。

つまずいたアメリカ資本主義の自浄能力

「企業改革法」によって鳴り物入りで新設された上場企業会計監督委員会の初代委員長の不明

朗な人事をめぐって、それを指揮する立場のアメリカ証券取引委員会の第二十六代委員長ハーベイ・ピット氏が就任後わずか一年あまりで辞任に追い込まれたのだ。前任者のアーサー・レビット氏が八年も在任したポストを、である。

さらにその数日後には、上場企業会計監督委員会の初代委員長に任命されたばかりのウィリアム・ウェブスター氏も辞任に追い込まれ、その後五カ月も後任が決まらず空席が続くという異常事態となった。世界から向けられた不信感を払拭するはずだったアメリカ資本主義の自浄能力は出だしから大きくつまずいたのだ。

レビット氏によると、ハーベイ・ピット氏はもともと証券業界や五大会計事務所の弁護士をしていたという。もしそうだとすれば、ついこのあいだまで監督される業界の利益を擁護していた人物が、監督する側の公的組織の最高責任者に就任していたことになる。

アメリカのビジネス社会の腐敗は構造的

レビット氏は『ウォール街の大罪』（日本経済新聞社）という本を書き、アメリカ証券取引委員会委員長在任中に、五大会計事務所、投資銀行や巨大企業の経営者、上下両院議員などから受けたすさまじい圧力の実態について、すべて実名を挙げて告発している。共和党が送り込んだ後任ピット氏に対する評価も厳しい。

アメリカの公認会計士協会がいかに巨大な政治力をもった圧力団体であるか、五大会計事務所とウォール街の投資銀行とワシントンの政治家たちがいかに癒着しているか、そして大衆投資家よりも業界の利益を優先させるという点では、一般的に企業寄りとイメージされる共和党の議員だけでなく、大衆寄りとされている民主党議員も大差ないことなど、レビット氏の本は非常に興味深い多くのことを学ばせてくれる。

レビット氏のような不屈の批判精神を抱く希有な人物が現れたことは、確かに希望と勇気を与えてくれる。しかしレビット氏の報告を読めば読むほど、アメリカのビジネス社会の腐敗は構造的なもので、健全な自浄能力が備わっているなどということは恐るべき幻想であることが実感できる。

エンロン事件とそっくりの事件

いまはすっかり忘れ去られているが、実はエンロン事件とそっくりなインスル事件という一大企業スキャンダルが以前もアメリカで起きている。メアリー・ベス・ノートン編『アメリカの歴史』(三省堂)によると、二十世紀の初め、サミュエル・インスルという男が電力会社のM&A(買収と合併)を繰り返して、三十九の州で六十の子会社を傘下におさめたインスル・ユーティリティ・インベストメントという巨大な持株会社を一代で築きあげて「インスル帝国」

と全米で脚光を浴びた。

インスルはグループ内部の子会社間で余剰電力の売買取引を繰り返すことで人為的に売上げを膨らませるまやかしのシステムをつくりあげたが、あまりにも複雑になりすぎて、最後はインスル自身にもわけがわからなくなっていたという。電力という分野だけでなく、子会社を使った手口もエンロン事件に酷似している。

一九二九年にアメリカの株式相場が大暴落すると、インスル帝国はあっけなく崩壊し、インスルは横領と詐欺の疑いで連邦取引委員会に起訴された。欧州大陸を逃げ回っていたインスルはトルコで逮捕されてアメリカに引き渡されたが、広告代理店とマス・メディアを駆使して冤罪キャンペーンを張り、ついに無罪を勝ち取った。しかしインスルの名は不正と詐欺のシンボルとして人々に記憶された。ほんのしばらくのあいだだったが……。

いつまで人々の記憶にとどまるか心許ないものの、エンロン事件のおかげで、アメリカの制度はアメリカ人が言い張るほど理想的なものではなく、アメリカであろうと日本であろうと、どの国の制度にも不備はあり、似たような不正は起こりうるという当たり前のことが証明されたことは、世界の未来のために以って奇貨とすべきかも知れない。

彼らが自分たちの価値観やシステムを手放しで自画自賛し、優越感に浸って自己陶酔に陥っているとき、それにはなんの根拠もないばかりか、それほどご立派なものではないことが後ですぐに露見するのである。

ドリーム・チームの破綻で慌てたアメリカ金融業界

かつて一九九七年に、タイを発端としてインドネシア、韓国などのアジア諸国が連鎖的に通貨危機に陥ったときにアメリカの経済人は、アジアの前近代的な「クローニー・キャピタリズム（馴れ合い資本主義）」が自ら危機を招いたのだとアジアの未成熟さを冷笑した。

しかしアジア諸国の為替市場の混乱は、他でもないニューヨークのウォール街の投機集団によって引き起こされたものだ。それはいわば「金融テロ」とも言うべき理不尽な市場攪乱行為だった。やがて因果は巡り、危機の連鎖は投機集団自身に跳ね返った。

なかでもノーベル経済学賞受賞者を二人も抱えてウォール街のドリーム・チームと呼ばれたロング・ターム・キャピタル・マネジメントというヘッジ・ファンドが破綻に直面すると、アメリカの金融業界は慌てふためいて恥も外聞もなく奉加帳を回して救済に走りまわった。それはクローニー・キャピタリズムそのものだった。傲りたかぶったアメリカに自省の機会を提供したエンロン事件は、どこかこのロング・ターム・キャピタル・マネジメント事件の顚末を思い出させるところがある。

「ダイエーを救済した日本は堕落している」と日米財界人会議で

私はアメリカの浅はかさだけをことさらに揶揄するつもりはない。ただ、生身の人間が運営するものである以上、完全無欠の制度などはそもそもどこにも存在するはずがないのであり、従って自国の制度が優れていると主張して他国の制度を見下したり、ましてや自国の制度を一方的に他国に押しつけたりする権利はいかなる国にもないという、至極穏当な道理に少しでも耳を傾けて欲しいだけである。

しかしアメリカの財界人はその独善的としか言いようがない思考様式を改めるつもりは毛頭ないらしい。二〇〇二年二月にワシントンで開かれた日米財界人会議で、アメリカ側の議長のAT&Tのマイケル・アームストロング会長は「アメリカはエンロンを潰したがために健全であり、日本はダイエーを救済したがために堕落している」と豪語したそうだ。とにかく正義は絶対に我に在り、間違っているのは相手の側だと心の底から信じて疑わないのだ。これを原理主義と呼ばずして何と呼ぼう。

時価主義と原価主義

いわゆる「国内体制の不備」という負い目を克服するため、「官」の組織である企業会計審議会に代わる、「民」主体の会計基準制定機関の設立が、日本では大急ぎで進められた。二〇〇一年八月、ようやく経団連や日本公認会計士協会などの民間団体をベースとして企業会計基準委員会と財団法人財務会計基準機構が設立された。しかし今後のグローバル・スタンダード決定プロセスにおいて、アングロ・サクソン包囲網の中、日本の国益を確保していくのは至難の業であろう。なかでも「時価会計」の問題がその最たるものだ。

会計原則には大きく分けて「時価主義」と「原価主義」というふたつの考え方がある。時価主義というのは、株や不動産などの相場の上げ下げにともなう利益や損失を、企業の決算書に反映させるということである。企業の業績のなかには、株式投資の成績も含まれる。企業が投資している株式が値下がりすれば、当然その企業の業績自体にも悪影響を与える。ときには株価の値下がりによるマイナスが、本業のプラスを帳消しにしてしまうこともある。

何でも株価の上げ下げに結びつけたがるアメリカ的発想

時価主義を平たくいえば、企業の業績を株価にモロに連動させるということだ。これはもともと「市場」とか「変動相場」というものが大好きで、キャピタリズム（資本主義）の本家本元を自任するイギリスやアメリカなどアングロ・サクソン特有の考え方なのである。

同じ西洋文明のなかでもフランスやドイツなどヨーロッパ大陸の伝統には馴染まない極めてローカルな発想だ。株を売買するのも会社そのものを売買するのも同じことだという発想から

M&A（企業の買収や合併）の手法を考えだしたり、会社の株価と個人の報酬は連動すべきだという着眼からストック・オプション（給料の代用として自社株購入権を与えること。会社がもしうまくいけば莫大な報酬に化ける）を編み出したりしたのも、何でも株価の上げ下げに結びつけたがるアメリカ的な発想の産物なのである。

一方、日本企業の多くは、相場の変動にかかわりなく、株や不動産などを買った時の価格で帳簿につけておき、そのままずっと変更しない、という原価主義会計を採用していた。原価主義だと、相場が上がっているときには企業には財務的な余力がうまれ、相場が下がっているときには逆に潜在的な損失が発生するが、決算書にはいっさい表れないため、外部からはうかがい知ることはできない。ここから「含み益」とか「含み損」という言葉が生み出された。要するに、決算書の表面には見えない「隠れた利益」、「隠れた損失」のことである。

今でこそ「含み損」つまり隠れた損失の方ばかりが話題になっているが、それは今、長期に渡って株価や地価が下がり続けているからだ。株価や地価が上がり続けていたバブル時代には「含み益」こそが時代の脚光を浴びていた。

日本の「含み益」経営と土地神話

日本は敗戦後からバブルが崩壊する一九八〇年代の終わりまで、一貫して株価や地価が上がり続けてきた。これこそ日本経済の最大の強みだったのだ。それは日本の金融の仕組みと深い関係がある。

日本では企業が銀行からカネを借りるとき、持っている土地を担保に差し入れる。地価が上がり続けている限り、銀行は安心してカネを貸すことができた。極端な話、当時は土地の担保さえあれば、決算書の中身などはどうでもよかったのだ。決算書には「含み益」などいっさい載っていないからだ。

この仕組みのおかげで、日本の企業は銀行から好きなだけカネを借りることができ、思いきった積極経営で業績を拡大していくことができた。これを当時「含み益」経営と呼んでいた。

しかしもしいったん地価が下がり始めると、「含み益」の天国は「含み損」の地獄に一変する危うさをはらんでいた。バブル崩壊以降の日本がまさにそういう状況だ。だが日本人は長いあいだ、土地は絶対値下がりしないものだと信じていた。これを昔は「土地神話」と読んだ。このような仕組みはアメリカやイギリスの金融・会計制度では考えられない、日本独特のものだ。これを最初に知ったとき、アメリカ人は奇怪なウィルスでも発見したように、ぎょっとして息を呑んだことだろう。

日本の土地問題を徹底的に調べていたアメリカ

一九八九年の日米構造協議を取材したＮＨＫ取材班は『日米の衝突　ドキュメント構造協議』（日本放送出版協会）の中で、アメリカがその頃日本の土地問題を徹底的に調べていたと報告している。ＮＨＫが通商代表部の「日本部」を取材に訪れたとき、机の上に日本の東北地方の建設業界新聞が置いてあるのをみつけた。ＮＨＫの取材班も聞いたことがない日本のマイナーな新聞までアメリカが分析していることに一同愕然としたという。これを読んで私はふと、あることを思い出した。

「含み益」企業担当のアメリカ人アナリスト

日米構造協議が始まる一、二年ほど前のバブル華やかなりし頃、私が銀行の証券投資部で株のファンド・マネージャーをしていたとき、外資系投資銀行からアメリカ人の証券アナリストを紹介されたことがある。証券アナリストというのは企業の業績や株価を分析して投資家にアドバイスする専門家である。普通、「自動車業界担当」とか「医薬品業界担当」というように得意とする特定の業界を担当している。

ところがそのアメリカ人アナリストは流ちょうな日本語で「私の担当は〝含み益〟企業です」と自己紹介した。彼は東京湾臨海部の航空写真を取りだしてそこに広大な遊休地をもっている企業の株を〝含み益〟企業として紹介したり、山梨県の地銀の株を「超伝導関連銘柄」として推奨したりした。

どうして山梨県の地銀の株がお薦めだったか。当時、超伝導という技術を使ったリニアモーターカーが話題になっていて、その実験線がどこに造られるかが注目されていた。このアメリカ人アナリストは、当時の自民党の運輸族のドン金丸信が自分の選挙区に実験線を誘致する公算が大きいと憶測して、山梨県の駅前の不動産屋をしらみつぶしに回って地価の動向を尋ねてまわったら、すでに土地が動き始めていることがわかったという。「それで自分の推理に自信を持ちました」などと言ってそのアナリストはニッコリしてみせた。

山梨県の不動産屋さんは、突然背の高い「ガイジン」が店に入ってきて、べらぼうに巧い日本語で不動産相場を聞いてまわるのに、さぞ、たまげただろう。このアナリストは、ニューヨークの投資銀行本部を通してアメリカの投資家たちにもこのことを当然レポートしていたはずだ。

いま思うと、この頃すでにアメリカは、日本の会計や金融の仕組みから〝含み益〟経営のカラクリまで調べ始めていたわけである。当時の私はこのアメリカ人アナリストのことを「変わった奴だ」ぐらいにしか思わなかったが、最近になってこの人物のことをしきりに思い出す。

「減損会計」導入でほくそえむのはハゲタカ・ファンドだけ

この頃からイギリスやアメリカは、会計基準を国際的に統一しようと動き始め、そのなかで時価主義を統一ルールにすることを唱え始めた。確かに外から企業を観察しようとするとき、原価主義では実態がわかりにくい。「含み益」や「含み損」など存在する余地のない時価主義の方が会計基準としては透明だという主張に正面切って反論することは難しい。

結局、国際会計基準理事会では、議長国イギリスなどの強いイニシアティブによって、時価主義が国際的なルール案とされている。原価主義を採用してきた日本企業の多くは、これまで表沙汰にしてこなかった含み損を決算書上で損失として外部に公表しなければならなくなる。日本で特に問題になっているのは、土地に関して、その含み損を強制的に表面化させる「減損会計」の導入だ。

言うまでもなく、日本企業の多くはバブル崩壊による巨額の土地の含み損を依然として抱えている。なかでも不動産、建設、流通などの業種が深刻だ。これらの問題がもはやこれ以上先送りが許されないことは確かである。しかし減損会計が強制されると、これら多くの企業の経営が急激に破綻に追い込まれることになる。

これら三業種は従業員数がとりわけ多い業界でもある。かれらは時限爆弾をかかえながら、必死になって日本の雇用を支えているのだ。更に、減損会計の導入は避けられないと見越した企業が、含み損を抱えた不動産を損切り売却する行動に出ると、それがまた地価を下落させ、企業の含み損をさらに拡大する、という悪夢のようなスパイラルに日本経済が陥る危険性がある。

減損会計の導入でほくそ笑むのは、日本の資産を安値で買い叩くべく虎視眈々と狙っている外資のハゲタカ・ファンドぐらいであろう。

日本経済を支えた独自のシステムが死んでしまう

時価会計の影響は一過性のものにとどまらない。企業の決算は相場の変動という不安定な外部要因に毎年振り回される状態が恒常化する。落ち着いて地道なモノづくりに取り組むよりも、株価の浮き沈みに一喜一憂しなければならなくなる。本業に身を入れるより市場の動向から目が離せなくなるのだ。

そして「含み益」経営はもちろんのこと、株式の持ち合いや系列、メイン・バンク制といった、かつて日本経済の強みを支えた独自のシステムの息の根が止められることになる。そうした代償を払ってまで、外の世界から押しつけられる価値観に無条件降伏することが、ほんとうに日本の国益になるのだろうか。

日本の産業界では減損会計の導入に対する反発が根強い。導入時期は当初二〇〇二年度とされていたが、その後たびたび延期された。強制的に二〇〇五年度から導入する方針が決められていたが、二〇〇三年三月中旬に日経平均株価がついに八、〇〇〇円を割る事態となったため、導入時期をさらに二年延長する法案を自民党が議員立法で提出する動きを見せるなど一時は政治問題に発展した。

フランスやドイツを巻き込もう

せっかく設立した「民」主体の財務会計基準機構も、財界から会費が集まらないため財政難に陥っているという。やっと理事のポストを確保した国際会計基準理事会に対しても、意見がほとんど無視されることに腹を立てて、日本は拠出金を年々減らしているらしい。

しかしそれではアングロ・サクソンの思う壺ではないか。アングロ・サクソンとは異なる伝統をもつヨーロッパ大陸の国々でも、時価会計に対する不満が日本と同じように顕在化しつつあると聞く。もしそうだとすれば起死回生のチャンスだ。日本はむしろカネと人をつぎ込んで、フランスやドイツを煽動してまわるぐらいの根性で巻き返しを図るような戦略性が必要ではないか。

今や会計だけの問題ではない

しかも、ことは今や会計だけではない。国際統一ルールに統一化しようという動きは、企業に対する監査制度、監査を行う公認会計士の資格制度やコーポレート・ガバナンス（企業統治制度、すなわち経営のあり方そのもの）にまで及んできている。公認会計士の資格制度を国際的に統一する動きは、WTOのサービス貿易交渉を舞台にして進められている。最近では、建築家の資格制度の交渉を追い抜くスピードで進んでいるといわれている。

会計や監査という分野は、確かに専門的で、われわれ素人にはとっつきにくい。私もここでこれ以上詳しく説明する能力はない。ただ、こうした個々の専門分野におけるグローバル化の動きは、やがてひとつの「世界標準」となって、日本の企業の死活問題だけでなく日本経済全体の命運をも左右し、最終的にはわたしたち一般の国民の生計にも大きな影響を及ぼしてくるのだということだけは、わたしたちも知っておいた方がよい。

仕掛け人は五大会計事務所

このような会計や監査、企業の経営のやり方などを国際統一ルールに一本化しようとする流れを背後から仕掛けているのは、アメリカを中心とした五大会計事務所（エンロンの不正会計事件に連座したアンダーセンが破綻して、いまや四大会計事務所になってしまった）である。国際統一ルールを決める作業は、こうした会計士業界の専門家だけの内輪の会合やフォーラム（研究活動）などを通じて、われわれ日本の国民のあずかり知らぬ水面下で粛々と進められている。

そしてこの会計の世界では、アメリカ、イギリス、カナダ、オーストラリアのアングロ・サクソン系四ヶ国がG４（グループ・オブ・フォー）と呼ばれ、イニシアティブを握っている。彼らは個人主義、自由放任・競争至上主義、英米法やプロテスタンティズムといった基本的価値観を共有し、英語という共通言語でインフォーマルなコミュニケーションを日常的に取り結んでいる。

彼らがいつ、どこに集まり、どんなことを相談し合っているのか、われわれには知るすべがない。そしてわれわれが気づいたときには、いつのまにか国際統一ルールの中身から、それを最終決定する組織の人事まで、彼らに都合のいいように、あらかた決められてしまっている、というわけだ。

愕然とする〇二年の商法大改正

コーポレート・ガバナンス、つまり企業の経営組織の制度までかかわってくるとなると、もはや会計の世界だけの問題ではない。商法など法律の分野まで影響が及んでくる。会計基準なら、いまや民間の組織が自主的に決める時代になったが、法律となれば国会を通さなければならない。国家の主権にかかわってくる。

私は急に日本の商法というものがいまどうなっているのか気になりだし、まさかと思って調べ始めてすぐに愕然とした。すでに二〇〇二年五月に商法が改正され、二〇〇三年四月から施行されている。「半世紀ぶりの大改正」で、日本にアメリカ型の経営組織を導入するための改正だという。なんと迂闊だったことか！　私は毎朝ちゃんと新聞には目を通しているので、商法大改正の記事もどこかで読んだはずだ。だが問題意識も持たず、全体の構図がわからないまま漫然と読んでいたので、直接我が身に関係が無いと思って読み飛ばしていたのだ。

アメリカ型経営組織とは具体的にどんなものなのか。ひとことで言うとそれは新たに「社外取締役制」を導入する、ということらしい。いままでの日本の会社の経営組織というのは、取締役会と監査役会に分かれていて、取締役会が実際の経営を行い、監査役会がそのチェックを行う仕組みになっている。だがどちらもそのメンバーは普通、平社員から社内の出世階段を登りつめた人たちだ。

これに対してアメリカ型の経営組織というのは、経営執行役員と取締役会にまず分かれる。経営執行役員というのが社長や財務などの担当役員（アメリカ流に言えばＣＥＯやＣＦＯなど）のことで、実際の日常業務を行う。取締役会はさらに指名委員会、報酬委員会、監査委員会の三つの小委員会に分かれ、指名委員会が経営執行役員の人事を決め、報酬委員会がその報酬額を決め、監査委員会が経営全般をチェックする。ここで最も重要なポイントになるのは、三つの委員会の過半数は社外取締役、つまり外部の人間でなければならない、ということだ。

アメリカのビジネス社会そのものに

いうまでもなくいまの日本の制度では、人事権は経営者が握っている。社長が部下たちのなかから意中の人を後継者に選ぶ。しかし改正された内容は、平たく言えば人事権を経営者からとりあげて、外部の人間に与える、というものだ。

これまでのように会社の内部で平社員から叩き上げて役員や社長に登りつめたような人間が会社を経営するのではなく、会社の内情や現場のことはほとんど知らず、幾つもの会社の社外取締役を兼務して多額の報酬を得ているような外部の人間が経営を左右するようになるわけである。株主から送り込まれた社外取締役が生え抜き社長を解任して外部から招聘する、などということも日常的に起こりうる。これはまさにアメリカのビジネス社会そのものだ。

アメリカでも、ひとつの会社の内部で従業員から経営陣まで這い上がる例がまったくないわけではないが、通常、経営陣と従業員とは収入や学歴はもちろん、ライフスタイルから価値観まで大きく異なっており、それぞれ別の世界に住んでいて、ふたつの世界には深くて越えがたい断層がある。日本の会社のように社長から平社員まで家族のような帰属意識でまとまっているのとは、完全に異質な文化なのである。

商法改正によって日本がいきなりそうしたアメリカ型社会に突入したわけではない。今回は大企業だけが対象である。そして一律強制ではなく、いまの制度のまま続けるか、アメリカ型経営組織に移行するのかを選択することができるようになっている。

ただ今回の商法改正を検討した審議会では、いきなり一律にアメリカ型への移行を義務づけるべきだとか、日本型にとどまることを選んだ会社に差別規定を設けることによってアメリカ型への移行を促すべきだ、といった提案もあったらしい。さすがにそうした過激な意見は却下されて、自主的に選択できるようになったのである。

アメリカ型への移行は数社だけ

改正された商法が国会で成立してから施行されるまでの約一年のあいだにアメリカ型経営組織への移行を表明したのは、オリックス、ソニー、日立製作所などの数社しかない。これらの企業に共通するのは、アメリカの証券取引所に上場していることである。ここにやや唐突に、あのエンロン事件がきっかけとなってアメリカが大わらわで成立させた例の企業改革法がからんでくるのだ。この新法は、アメリカが世界から向けられた疑惑を払拭するために、不正会計に対する罰則を強化したり、会計事務所に対する監視を強化したりすることを目的につくられたはずだった。

ところがどさくさに紛れて、アメリカで上場している企業すべてに対し、アメリカ型の経営制度を採用するよう義務づける条項が入れられていたのだ。アメリカに上場している外国企業は、母国にある本社までアメリカ型経営制度に変更しなければならないとなっている。アメリカの市場に入って来たいなら本社丸ごとアメリカに合わせろ、というわけだ。これには日本だけでなく欧州企業からも苦情が殺到し、外国企業は例外扱いすることにアメリカは妥協した。

それにしてもアメリカのこういう面がスゴイところである。エンロンで転んでもタダでは起きないしたたかさ。ダメモトでも一応吹っかけてみるずうずうしさ。まったく見あげたものだ。

商法改正もアメリカの要求から

ところで、商法を半世紀ぶりに大改正してまでアメリカ型の経営制度への切り替えが急がれているのは、そもそもなんのためなのか。それにはどのような背景があるのだろうか。本書をここまで読み進められてきた賢明な読者はすでにお気づきであろう。

お察しの通り、商法改正も、アメリカ政府から日本政府に対する『年次改革要望書』の要求事項のひとつなのである。アメリカは指名・報酬・監査の三つの委員会からなる制度を採用した会社には日本型の監査役制度は必要ないとか、もし上場企業のなかでアメリカ型に移行しようとしない会社があるならば、そんな会社には社外監査役制度を義務づけろとか、商法改正の審議会に外国の弁護士や企業の関係者も参加させろ、といったとんでもない要求を、すでに二〇〇〇年版の『年次改革要望書』で並べ立てている。

アメリカはなぜ、日本にアメリカ型の経営制度を導入するよう圧力をかけているのか。次の要求事項を読むとわかる。

・取締役の条件として特定の国籍や、その会社の社員に限るといった規定を禁止せよ。
・電話やビデオ会議や書面による取締役会の決議を認めよ。
・電話やファックスや電子的手段による株主総会の投票を認めよ。

これは日本企業の社外取締役に就任したアメリカ人が、アメリカに居ながらにして経営をコントロールできるようにしようとしていることを意味する。将来、ハゲタカ・ファンドが日本の企業を乗っ取ったときのことを見越してあらかじめ手を打っているのだ。

二〇〇一年版になると、そのあたりがだんだん露骨になってくる。

・企業買収が成功した後に、〝抵抗〟している少数株主に彼らの保有する株を強制的に提供させることにより、被買収企業を完全に私有化できるようにせよ。
・系列会社や株式持ち合いの関係にある会社の人間は社外取締役有資格者から除外せよ。

日本人が伝統的なお家芸（ケイレツや株式持ち合い制度）を駆使して社外取締役制度が尻抜けになってしまい、アメリカ人が入り込む余地が無くなるのを心配しているのだろう。次のような、思わず苦笑してしまう項目もある。

・弁護士や会計士が誤った査定を行った場合、彼らの法的責任を厳しく追及せずに、重役会議に責任を課すようにせよ。

書いてる当人たちの顔が浮かぶではないか。

何から何まで日本企業買収のため

さらにアメリカ通商代表部の『外国貿易障壁報告書』二〇〇二年版をあわせて読むと、事の次第がだんだんはっきり見えてくる。アメリカ型の社外取締役制度を日本に導入させる理由は、「企業幹部が株主より会社への忠誠を優先させることがM&Aの申し入れを早い段階で拒絶することにつながるため、こうしたことを減らす」ためだとはっきり書いてある。

国際会計基準を日本に導入させる狙いのひとつには、外資による日本企業の買収を妨げる系列や株式持ち合いの解消を促進し、外資が株を取得するチャンスを増やすことも含まれている、ということまで書かれている。ほんとにアメリカ人は正直でびっくりする。

また、M&A認可の審査を迅速化するために公正取引委員会の人員を増員させたり、M&A

取引に必要な弁護士や公認会計士の不足を補うため、外国人の弁護士や会計士が日本に進出しやすくさせることも既に日本政府に提案しているという。実に手回しがいい。

さらに「ついでに」ということなのだろうか、バブル崩壊によって安値で放置されている日本の土地についても、外国投資家が購入しやすくするために、不動産保有税を重くして土地の放出を促進させることや、都心部の再開発や農地の転用に関する規制緩和を日本政府に提案済みだそうだ。

産業再生機構にも別の役割が

倒産に瀕した経営不振会社を「再生」の名目で買いたたき、バラバラにして転売するタイプのM&Aをやりやすくするための手も打っているようだ。二〇〇二年版の『年次改革要望書』には「産業再生法を改正して日本におけるM&Aを活発化せよ」という要求がある。

総合デフレ対策のひとつとして打ち出されたはずの産業再生機構構想にはもうひとつ別の役割があったようだ。二〇〇三年五月に発足した産業再生機構の本社はいま丸の内の新東京ビルにあるが、設立準備室は永田町のプルデンシャルタワーに入居していた。気の早いことに、アメリカの投資銀行などが入れ替わり立ち替わり設立準備室にM&Aの候補案件を売り込みに来たので「プルデンシャル詣で」と皮肉られていた。正式の発足まで待ちきれなくなったのだろうか。よほど久しい以前から、ネタを物色して仕込んでいたに違いない。

ちなみにM&Aというのは投資銀行だけではなく、コンサルタント会社や会計事務所や法律事務所のみんなが儲かるウォール街の一大産業なのである。

首相以下国を挙げて身売りのしたく

バブル崩壊によって深く傷ついた日本の資産を、アメリカが買収しやすくするために打っている戦略は、国際会計基準や商法改正だけではなかった。あらゆる政策が総動員され、制度の変更が進められている。

日本にはすでに、M&Aを活発化させるための方策を考える「対日投資会議」という組織もある。内閣総理大臣自身が議長を務めている。日本の大企業をアメリカ型に「改良」したうえで外資に買ってもらおうと国を挙げて身売りのしたくに余念がないのだ。

公正取引委員会もコントロール下に

アメリカに制圧されそうなのは、日本の企業だけではない。企業を監督する官庁そのものもアメリカのコントロール下に置かれそうな気配なのだ。アメリカは最初の『年次改革要望書』である一九九四年版以来一貫して、日本の公正取引委員会を問題にしてきた。公正取引委員会とは、企業の談合やカルテルなどの独占禁止法違反を監視している役所である。

アメリカはほぼ毎年、具体的な人数まで指定して、公正取引委員会の職員数を増加するよう日本政府に要求している。行革の流れの中で公正取引委員会が予算や人員を増やしてくることができたのはアメリカが応援しているおかげなのだ。それだけでなくアメリカは、公正取引委員会に国税庁並みの捜査権限を与えよ、内部告発者との司法取引などの捜査手段を与えよ、摘発件数をもっと増やせ、など実にさまざまな注文を出している。

また独禁法そのものについても、違反者や捜査妨害者に対する禁固刑の長さや罰金の金額まで具体的に指定して罰則を強化するよう法改正を要求してきている。よくわからないのは公正取引委員会の所管官庁を総務省から内閣府に移せという要求だ。これは二〇〇三年四月に法改正によってアメリカの要求通り実現されている。

なぜ公取委には規制強化を迫るのか

いやしくも独立した主権国家の政府機関の職員数、権限から所管官庁にいたるまで、外国政府が口出しするなど常識的には考えられないことだと思うが、読者諸賢のご感想はいかがであろうか。

それにしてもなぜアメリカは、日本の公正取引委員会に対してかくも熱烈に声援を送り続けるのだろうか。他のあらゆる局面ではひたすら規制緩和をしつこく要求しながら、なぜ公正取引委員会に限ってだけはむしろ極端な規制強化を迫っているのだろうか。独禁法の厳格化による企業活動の監視強化は、自由化と市場原理というアメリカの金科玉条と論理的に矛盾しているのではないか。こうした不自然さの裏には、いかにもアメリカらしいご都合主義の臭気がただよっていることにお気づきではないか。

読者諸賢の推理は正しい。アメリカが日本の公正取引委員会の問題に興味を抱き始めたのは、レーガン政権のときに当時のアメリカ通商代表部のクレイトン・ヤイター代表が関西国際空港プロジェクトの国際公開入札を要求したことがきっかけだったのだ。それは日本の公共工事のビッグ・プロジェクトに是が非でも参加したいというアメリカの建設業者の陳情を受けてのことだった。

二年間にもわたった交渉の末、ようやく日本とアメリカは一九八八年五月に日本の建設市場の開放に関して合意した。大型プロジェクトに限ってアメリカ企業への特例措置を設けたのである。ところが実際にはアメリカの建設業者がなかなか仕事を受注できないことにアメリカ側は苛立った。

アメリカの建設業者が日本の業者より劣っているはずがないのに仕事がとれないのは、受注業者を決める日本政府のやり方（指名競争入札制度）に問題があるからだと考え始めたアメリカは、マス・メディアを使って日本の公共事業の入札制度を「不透明で不公正だ」と非難の大キャンペーンを展開し始めた。

談合摘発とアメリカの利害

その年、公正取引委員会によって二つの談合事件が摘発された。ひとつは、例の関西国際空港プロジェクトにかかわった土木業界団体に排除勧告が出された事件で、もうひとつは米軍横須賀基地工事にかかわった建設業者百四十社へ課徴金が課せられた事件である。前者はまさにヤイター通商代表がその二年前にとりあげたプロジェクトであり、また後者は在日米軍自身が発注者になっている工事である。

アメリカの利害が深くかかわっている二つのプロジェクトで、この年たて続けに談合が摘発されたのは偶然だろうか。さらに五年後の一九九三年、宮城県知事、茨城県知事、仙台市長やゼネコン幹部が贈収賄の容疑で逮捕されるという、史上空前のゼネコン不祥事が発生した。一連のスキャンダル報道のなかで、政治家・官僚とゼネコン業界の癒着体質だけでなく、日本の公共事業の入札制度そのものが談合や不正の温床になっていると、マス・メディアや世論から非難の集中砲火をあびた。

九十年続いた入札制度の崩壊

非難の激しさにたえかねて、日本政府はついに翌一九九四年一月「公共事業の入札・契約手続の改善に関する行動計画」を発表した。明治三十三年以来、実に九十年間も続いてきた日本の「指名競争入札制度」がここに崩壊したのだ。建設省（現・国土交通省）は、これは日本の建設行政の歴史的転換であり、これで日本の公共事業に透明性、客観性、競争性をもたらすことができる、と自画自賛してみせた。

実はこのとき水面下では、アメリカとのあいだで建設市場参入問題をめぐる熾烈な交渉が行われていたのだ。アメリカが制裁措置を発動する交渉期限がわずか二日後に迫っていた。九十年間におよんだ日本の入札制度の崩壊は、ぎりぎりに追い詰められた状況での苦渋の決断だったのだ。

入札制度の変更と同じタイミングで「日米公共事業合意」が発表された。アメリカは「土建国家」日本のシンボルともいうべき「指名競争入札制度」を崩壊させるという積年の目標を達成した。談合問題を糾弾するマス・メディアの激しいキャンペーンがそれに貢献した。ゼネコン業界と建設行政に対するネガティブ・イメージが日本の社会にいっきに定着したのが追い風となったのだ。こうして歴史をたどってみると、公正取引委員会による談合の摘発が実に絶妙のタイミングで発動されてきたことに、誰しも驚かざるをえないだろう。

日米貿易問題の最難関は日本の建設市場

アメリカ通商代表部の日本担当部長、通商代表補代理を歴任し、日本との通商交渉の窓口をつとめたグレン・フクシマ氏は『日米経済摩擦の政治学』のなかで、通商代表部在勤中に扱った日米貿易問題のうち最も興味深く、しかも議論が尽きなかったものは、日本の建設市場問題だったと述懐している。なぜなら建設市場をめぐる交渉は、業界内部の慣行、業界と政府の関係のあり方、そして政府の独占禁止法政策などについて、日本とアメリカの相違を最も赤裸々に浮き彫りにするものだったからだという。

そしてフクシマ氏は、次のような意味深長な言葉を記しているのだ。「建設問題こそ、日米間の制度格差があまりにも大きすぎるので問題の解決が極端に困難になる、ということを示す適例と言える。手続き、プロセス重視型の解決策を一貫して追求したこれまでの米行政府の対応では、成功はまず期待できないだろう」

エシュロンの通信傍受

ここからは少し余談である。以下の記述は産経新聞特別取材班『エシュロン』(角川書店)に多くを負っていることをおことわりしておく。二〇〇一年九月、EUの立法府である欧州議会は「エシュロン」に関する特別委員会の最終報告を本会議で正式に採択した。

エシュロンというのは、アメリカ・イギリス・カナダ・オーストラリア・ニュージーランドというアングロ・サクソン系の五ヶ国が第二次世界大戦以来、共同で運用しているといわれる世界規模の通信傍受システムのコード・ネームである。傍受した通信内容は、アメリカの国家安全保障局（NSA）や中央情報局（CIA）によって解析されているといわれている。

他国の通信を勝手に傍受しているのがもし事実とすれば、もちろん非合法である。それゆえアメリカ政府はエシュロンの存在を公式には一切認めていない。エシュロンに関するニュースはアメリカ国内ではほとんど報道されておらず、一般のアメリカ市民の多くはエシュロンの存在すら知らされていないという。しかしアメリカ政府の沈黙にもかかわらず、欧州議会は本会議において、エシュロンの存在は「もはや疑いない」と公式に結論づけているのである。

二〇〇二年四月四日付けの日本経済新聞によると、日本スペースガード協会というNPOが、日本を常時見下ろしている不審な人工衛星を発見し、撮影に成功したという。同協会は、これはアメリカが極秘で運用しているパラボラ・アンテナ型の電子偵察衛星である可能性が高いと指摘している。

この正体不明の人工衛星は、常に軌道制御を行って一定の位置を維持しており、日本を中心とした東アジア一帯の通信電波などを傍受しているのではないか、と推測されるという。一方、産経新聞特別取材班によると、エシュロンはもともと国際間の通信を傍受するためのシステムだが、回線が敷設されている国内に傍受施設を設けることができれば、その国の国内通信も監視することが可能だという。青森県の米軍三沢基地には「象の檻」と呼ばれる大規模な通信傍受施設があることが知られている。

同盟諸国も監視の対象に

欧州議会の調査によると、エシュロンはロシアや中国などのかつての東側諸国だけではなく、EU諸国や日本など、アメリカの同盟諸国をも監視の対象にしているという。そしてそうした同盟国の政府機関は無論のこと、民間ビジネスの商業通信まで傍受の対象にしていると報告されている。

同盟国アメリカがその存在を公式には認めていないにもかかわらず、欧州議会があえてエシュロン問題をおおやけにするという政治的決断に踏み切ったのはこのためだ。EUとエシュロンの両方に加盟している唯一の国イギリスは、非常に微妙な立場に立たされている。

身の毛もよだつアメリカの独善

こうした情報が事実とすれば、アメリカをはじめとするアングロ・サクソン諸国はいったいなんのためにこんなことをしているのか。産経新聞特別取材班によると、アメリカの元ＣＩＡ長官は、エシュロンの存在を事実上認めたうえで、アメリカが同盟国をも監視の対象にする理由は、贈収賄などビジネスにおける不正行為からアメリカの国益を守るためであり、非はむしろ監視される同盟国の側にあるともとれる発言をしたという。

つまり、相手国が不正行為を行っている可能性があるならば、たとえ同盟国といえども、アメリカは相手の通信を勝手に傍受し、盗聴によって入手した情報をアメリカの国益のために活用する権利がある、というわけだ。身の毛もよだつような恐るべき独善である。これでは相手の弱みを握って脅しをかけて金をゆすり盗るヤクザと変わるところはない。そしてここでも世界はアングロ・サクソンとそれ以外とに分けられているようだ。

アメリカの徹底的な対日不信

閑話休題。二〇〇三年版の『外国貿易障壁報告書』には、九年前の「一九九四年日米公共事業合意」はいまでも有効である、という記述がある。アメリカの執念には驚かされる。

この報告書のなかでアメリカは日本では談合がまだ広く横行しており、政治家、官僚、建設企業間の癒着構造が根強く残っていると主張している。さらに公共事業の発注者である役人自身が意識的に談合を幇助するような〝官製談合〟が存在すると非難し、公正取引委員会と日本政府に対し、談合の刑事摘発件数をもっと増やすことや、不正に荷担した公務員を厳しく制裁することを要求している。

アメリカ政府は、日本の中央政府機関や地方自治体に対して、不正の事前防止のためのマニュアルを作れとか、不正モニタリングのために定例的な報告書を毎年つくれということまで要求している。

そこに透けて見えるのは、日本の行政や日本の社会そのものに対するアメリカの徹底的な不信感である。なるほど我が国の行政には多くの問題があるのは歴然たる事実だ。私も談合は日本の文化だなどと開き直るつもりはない。一納税者として疑問に思うことも少なくない。だが九十年間も機能してきたという事実は、それが日本で一定の社会的・経済的役割を担ってきたということの紛れもない証左である。少なくとも他国人にここまで貶められなければならない筋合いはない。

しかもアメリカが談合や日本の行政を攻撃するのは、あくまでアメリカの建設業者の利益を守るためなのだ。日本のゼネコン・システムが崩壊し、日本の公園に青いビニールのテント村があふれようと、アメリカは「知ったこっちゃない、それは日本の問題だ」と言い放つだけだ。アメリカは自分の思い通りに日本のシステムが動かないと、内政干渉することが当然だと思っている。だがその結果、日本がどうなるかということにはまったく関心が無い。

郵政公社やNTTに揺さぶりをかけるため

アメリカは、ゼネコン業界の談合だけを問題視しているのではない。通信、郵政、電力、ガスといった公益事業分野での、新規参入者（たとえばアメリカ企業）への排他的行為の取締りを強化しろと『年次改革要望書』で毎年要求してきている。

ここで、アメリカが日本政府に圧力をかけて公正取引委員会の所管官庁を総務省から内閣府へ変更させた理由が判明するのである。総務省は郵政事業や通信事業を管轄しているため、総務省の傘下にあったままでは公正取引委員会が中立的に動くかどうか疑わしい、とアメリカが横やりを入れたのだ。

アメリカの保険会社や通信会社が日本市場に進出する際に強大なライバルとなりうる郵政公社やNTTに対して、アメリカは公正取引委員会を通して揺さぶりをかけるつもりなのである。所管官庁を総務省から内閣府に移させたのは、そのための布石だったのだ。

アメリカの保険業界は近年、特に日本の郵貯・簡保に対して露骨な敵意を隠そうとしない。官業としての優遇措置を廃止せよと日本に圧力をかけてきている。第一章に登場したアメリカ最大のロビイスト団体「サービス産業連合」の会長も保険業界出身者であったことを読者も思い出して欲しい。

公取委はアメリカの下請けではない

さらにアメリカは一般のメーカーと流通企業の関係、特に化粧品、家電、自動車の流通系列に目をつけて、それぞれの業界の資本関係や人事交流の実態を公正取引委員会に調査させようとする兆候もある。系列や株の持ち合いといった日本的ビジネス慣行を、時価主義会計制度と公正取引委員会の摘発で挟み撃ちにして打ち壊そうとしているのだ。だがアメリカは、なにか肝心なことを勘違いしているのではないか。公正取引委員会はアメリカの下請けではないのだ。

自国の業者の商売がうまくいかないからといって、他国の制度や商慣行が薄汚く腐りきっている、と決めつけて糾弾する。必要なら同盟国であろうと盗聴システムまで駆使してスキャンダルを暴き立て、マスコミや世論を操作し、独自のシステムを廃止させる。

恐るべき三重苦が降りかかる

ところがその一方で、アメリカによって糾弾された「指名競争入札制度」は九年後に意外なところで復活する。イラクの戦後復興事業で、いつのまにか「発注者」として躍り出たアメリカ政府は、入札に応募できる業者の資格をアメリカ企業のみに限定した。日本語ではこれを「指名競争入札」という。

指名する権利はそもそもイラク国民にあるのではないかと思うのだが、他国の資産を勝手に破壊した張本人が利権を独占しようというのだからあきれてものが言えない。油田火災の消火事業で指名された企業の中には、現役の副大統領が就任前までＣＥＯを務めていた企業の「ケイレッ」も含まれていた。

インフラ整備事業を落札したのは共和党のレーガン政権の国務長官だった人物が取締役を務めているアメリカの建設業者だ。日本語ではこれを「政官業の癒着」という。しかし内外から寄せられた批判に対しアメリカの当局者は「アメリカ国民の税金による事業をアメリカ企業に配分するのは当然だ」と開き直った。それはアメリカ人から辛辣な糾弾を浴びせられていると き、日本人が喉元まで出かかりながらついに言えなかったひとことだ。これが、アメリカが〝正義〟と称しているものの真の姿だ。

これからの時代、日本企業には、時価会計導入で破局に追い込まれるか、公正取引委員会の〝不正〟摘発に怯えて系列を崩壊させるか、あるいは足腰が弱ったところをハゲタカ・ファンドに買いたたかれ、アメリカ型経営組織に改造されて青い目の社外取締役によって路頭に放り出されるかという、恐るべき三重苦が降りかかってくるだろう。いや、まだもうひとつ大きな災厄が待ちかまえている。それは訴訟の嵐である。

4　万人が訴訟する社会へ

「わたし、訴えてやる!」

最近、テレビに現役の弁護士が出演する法律相談番組が増えた。婚約解消や近所とのトラブルなどを再現ドラマで見せた後、タレントたちに「これは有罪か無罪か」「相手に損害賠償を請求できるかできないか」を推理させ、最後に本職の弁護士先生が登場して〝判決〟を下す、というパターンのものが多い。再現ドラマの主人公がいつも最後にこぶしを振り上げたポーズで「もー我慢できない、わたし、訴えてやる!」というせりふで決めるお約束の番組もある。

こうした一連の番組には、はっきりとしたひとつのメッセージがある。それは、裁判というものは決してわたしたち一般庶民と無縁なものではなく、もしかしたらこれまでは泣き寝入りするしかなかった不満を解消したり、あきらめていた損害を相手から取り返したりするチャンスがころがっているかもしれないよ、ということである。裁判はその夢を実現してくれるありがたい手段であり、弁護士は夢の実現を手助けしてくれる正義の味方、というわけだ。

しかし現実の社会に存在する弁護士は、テレビ番組が描いているような「庶民の味方」ばかりとは限らない。いかなる弁護士であれ、依頼人から報酬を受け取ることで事務所を経営したり、生計をたてたりしていることに違いはない。弁護士業というなりわいも、れっきとしたひとつのビジネスなのだ。

だからといって私は、弁護士が活躍するテレビ法律相談は弁護士業界の自己宣伝番組だなどとくだらないことを言いたいわけではない。こうした法律相談番組が急増している背景には、もっと大きな時代の動きというものが関係していることを話題にしたいのである。

訴訟社会への急激な変化

わたしたち日本人の多くは普通、裁判のお世話になることなく一生を終えることが多い。むしろ、できれば裁判などとはかかわりあいを持ちたくない、という人の方がいまでも多数派なのではないか。しかし日本の社会はいま、これまでよりも簡単に訴訟を起こすことができるように工夫して、裁判をもっと国民の身近なものにしようという方向に急激に進んでいるのだ。日本の政府が現在推し進めている「司法制度改革」がそれである。それはまさにわたしたちひとりひとりの国民がもっと裁判のお世話になるような世の中に改造しようという、大規模な社会変革なのである。

読者の中には「司法制度改革」と聞いても自分にはなんら関係の無いことだ、と受けとめる方が少なくないのではないだろうか。私自身もつい最近までそうだった。私が司法制度改革に興味を持つようになったのは、アメリカ政府が日本政府に毎年突きつけている『年次改革要望書』のなかにそれが盛り込まれていることを知ったことがきっかけだった。

北京での国際建築家連盟の世界大会に参加したときに気づいた素朴な疑問から始まって、日米構造問題協議から『年次改革要望書』にいたる日本とアメリカの異常な関係を検証するという作業をした上でなかったら、おそらく私も司法制度改革には興味を持たず、その背後にある問題を見過ごしていたことだろう。しかしそれを見過ごすのは極めて危険なことだ、と私はいま強く感じている。

弁護士業の自由化が日本法曹界にもたらすこと

司法問題に関してアメリカが日本に対して要求していることは、大きく分けてふたつある。ひとつは、弁護士業の自由化である。ひとことで言えば、外国人弁護士が日本で自由に商売できるように規制を撤廃しろ、ということだ。そのためにまずアメリカ型の法律事務所の経営形態であるパートナーシップ制を認めろという。

日本の弁護士事務所の七割は個人経営の零細事務所だと言われているが、アメリカではローファームと呼ばれる数百人もの弁護士をかかえた巨大な法人組織が主流となっている。それは大企業を顧客として「法務サービス」を提供する、まさに巨大ビジネスそのものだ。

アメリカのローファームは、日本にもアメリカ流の巨大法人組織のまま乗り込み、全国に支店を開設して津々浦々までビジネスを展開するつもりなのである。ちょうどアメリカ資本の巨大流通産業が日本に進出して、商店街の個人商店が次々と消滅していったのと似たような現象が法曹界にも起きるだろう。

弁護士業の自由化は、あとで述べる司法制度改革とは関係ないので、すでに先行して二〇〇二年四月から弁護士事務所の法人化などが日本で解禁されている。

内政干渉の知恵袋

アメリカが弁護士事務所の対日進出に熱心なのは、たんに弁護士業界が日本でカネ儲けしたいということだけではない。アメリカ通商代表部の『外国貿易障壁報告書』の日本に関する部分には、弁護士や会計士などアメリカの知的専門職業サービスの対日進出は、アメリカの他のサービス産業や製造業の対日進出の橋頭堡としても重要だという趣旨のことが記されている。

つまりアメリカの法律事務所が日本に根を張っていれば、アメリカ企業の利益になりそうなオイシイ日本の情報がどんどんアメリカに流れて来るし、アメリカ企業が日本の法律や制度の不都合な部分を改正するよう内政干渉したりするときの知恵袋として駆使することができる。

さらにアメリカ流のビジネス習慣やリーガル・マインド（法律的な発想）を日本に広める役割をも担わせることができる。会計士や弁護士は、アメリカン・ビジネス・モデルの宣教師なのだ。そしてアメリカのサービス産業連合は、こうした知的専門職の資格基準そのものをアメリカ・モデルに統一しようと、WTOのサービス貿易交渉を通じて画策している。本書第一章の建築家や第三章の会計士の資格問題などとすべて連動しているのだ。

契約書は英文、根拠法は英米法

ここで読者にぜひお薦めのビジネス小説がある。現役の弁護士、鈴木仁志氏の『司法占領』(講談社)である。これは二〇二〇年の東京を舞台にした近未来小説で、アメリカのローファームに支配された日本のビジネス社会の未来図が描かれている。そのなかに、日本企業同士の国内取引の契約書が、すべて英語で書かれ、ニューヨーク州法を根拠法としている、という場面が〝被占領状態〟の象徴として出てくる。

これを読んで私も似たような惨めな経験を思い出した。国際金融の世界ではもはやそれはフィクションではなく、契約書はすべて英文、根拠法は英米法、というのが既成事実としてすでに定着しているのである。

北京での苦い体験

私が一九九〇年代の初めに北京に駐在していたとき、中国側の借入企業と何度か融資契約書の交渉をしたことがある。日本人と中国人が中国で契約を結ぼうとしているのに、なぜか英語の契約書で、根拠法は当時まだイギリス領だった香港法だった。私は中国側の顧客と、お互い乏しい英米法の知識を手探りしながら交渉しなければならなかった。

そうしたとき中国側から「なぜ日本法でも中国法でもなく、無関係な英米法を使わなければならないのか」という当然の疑問をしばしばぶつけられた。私は「これは国際金融界のルールだから……」と答えるしかなかった。

いま思うと「これは国際社会のルールだから」という言いぐさは、まさにアメリカ人がわたしたちに自国のルールを押しつけるときのレトリックそのものだった。

また当時、私の頭の片隅には「法体系や司法制度が未整備の中国の法なんか信用できるわけがないだろう」という意識が確かにあった。それもまたいま思えば、アメリカ人がわたしたち日本の司法制度に向けるまなざしと重なり合うものであった。

あるとき中国側を訪問してみて愕然とした。借入れ人の隣に白人の若い男が同席しているではないか。イギリス人の弁護士だという。そんな話は聞いていない！　だがそのイギリス人は物凄い勢いの英語でまくし立てながらこちらの弱点に攻勢をかけてきた。私はもともと法律の専門家ではないうえに、頭の中で英語と中国語がこんぐらかって、その日はほうほうのていで一旦退却せざるをえなかった。まるで獰猛な番犬を飼い入れたようなものだ。

娯楽の少ない北京くんだりまで流れてきたイギリス人弁護士は、埋め合わせに中国側からたっぷりと弁護士報酬をせしめたことだろう。

英語という言語が国際語となっているために、アメリカ人やイギリス人が国際社会でどれだけ甘美な思いをしているか、はかりしれないものがある。同じことが会計基準や法律についても言えるのだ。アメリカ人やイギリス人が会計基準の国際化にいかに知恵と労力を惜しまないかはすでに前の章でご紹介した。彼らは同じように、英米法を世界に普及させることも真剣に考えているはずだ。いずれ手始めに、アメリカの弁護士資格を日本でも認めろなどと要求してくるのは時間の問題であろう。

アメリカが要求している「司法制度の改革」

さてもうひとつ、弁護士業務の自由化とならんでアメリカが日本に対して要求しているのは、日本の司法制度の改革である。これは主として次の三点である。まずひとつは、日本の裁判は判決が出るまでに時間がかかり過ぎると主張して、裁判の迅速化や期間の短縮化を要求している。これは確かに日本の国民も望むところである。

二つめは、日本の裁判に時間がかかるのは、裁判官や弁護士の人数が少なすぎるからだと主張して、これを大幅に増やせと要求している。実は「法科大学院」と呼ばれる、法律の実務家を専門に養成するアメリカ型のロースクール制度が二〇〇四年四月から日本に導入されることになったのはこのためなのだ。

「差し止め請求制度を強化せよ」とアメリカ

三つめは、ちょっと聞き慣れないが、「民事救済措置」に関して裁判所の権限を強めろ、ということである。なかでもアメリカが何度も要求してきたのは「差し止め請求」という制度を強化しろということだった。これはどういうことなのか説明しよう。

例えばある違法建築のマンションがすでに建設中だったとする。電波障害でテレビが見られなくなった付近の住民がマンション業者を相手取って裁判を起こし、勝訴したとしよう。たとえ裁判で勝っても、もし賠償金をもらうだけだったらあまり意味がない。依然としてテレビが見られないからだ。

テレビを見るためには、違法建築を中止させるか、場合によっては強制的にマンションを壊して建て直させる必要がある。これを法律の世界では民事救済措置といい、裁判所がマンション業者に建設中止や建て直しを強制することを差し止め命令という。アメリカ政府は日本政府に対して、裁判所が差し止め命令を出せる範囲や権限を強化しろと要求してきたのである。

いいことずくめの要求ではない

こうして三つの要求を眺めてみると、司法制度に関するアメリカの日本に対する要求は誠にまっとうなものばかりで、日本の国民にとってもいいことずくめのような気がする。アメリカはなぜ日本の司法制度の改善にかくも熱心なのだろう。アメリカはやっぱり正義の味方なのだろうか。

残念ながらそうではなかった。私は『年次改革要望書』と『外国貿易障壁報告書』を過去数年分、隅から隅まで通読してみて初めてその狙いがわかった。司法制度に関する要求のページだけを眺めていても、アメリカの真意はわからないようになっているのだ。それは別の目的を実現するための地ならしなのである。

アメリカは司法制度問題とは別に、日本に対して「独占禁止法の強化」ということを以前から要求してきている。言うまでもなくこれは、前の章でふれた、談合を摘発する公正取引委員会の問題とリンクしている。そしてアメリカが司法制度に関連して要求していた「差し止め請求」制度の導入は、実は独占禁止法の世界では既に、司法制度改革よりも先行して二〇〇一年四月に実現されていたのだ。この制度改正によって、談合の被害者（たとえばアメリカの建設業者）は、公正取引委員会を通さなくても、直接日本の裁判所に「差し止め請求」の訴えを起こせるようになった。

前の章でふれたようにアメリカは日本政府に圧力をかけ、公正取引委員会にビシビシ談合を摘発させようとしてきた。しかし日本の公正取引委員会は慎重に捜査をするし、きちんと調べるにはどうしても時間がかかる。そこで業を煮やしたアメリカは、アメリカ企業が直接日本のライバル会社を独占禁止法違反で裁判に訴える、という道を切り開いたのだ。

裁判に勝てば、裁判所に差し止め命令を出させて談合などを中止させることができるというわけだ。この制度ができるとアメリカは、今度は公正取引委員会に対して、捜査資料の提供などで裁判所に協力しろ、と圧力をかけてきているらしい。

独禁法はアメリカで生まれた

ここで独占禁止法について少し解説しておこう。独占禁止法というのは、もともとアメリカで生まれたアメリカ独特の法律である。アメリカでは「反トラスト法」と呼ばれ、〝経済の憲法〟に等しい存在といわれている。

十九世紀末に制定されたシャーマン法がその嚆矢で、大富豪ロックフェラーが経営するスタンダード・オイル・トラストという巨大石油会社を解体に追いこんだ。大企業などが市場を支配して横暴なことをするのは、アメリカの自由競争や民主主義の精神に反する、という考え方から生まれた法律なのだ。

日本の独占禁止法は、第二次世界大戦に敗れたあとの占領期間中の一九四七年に、連合軍総司令部（ＧＨＱ）によってつくられた。それはアメリカ本国の反トラスト法よりも厳しい内容だった。ＧＨＱは「日本経済を民主化する」というのを口実に、財閥解体なども同時に行ったが、それは日本が二度とアメリカに刃向かうことができないように日本の経済を弱体化することがほんとうの狙いだった。

ところが中国が共産化し、朝鮮戦争が勃発してアメリカの安全保障上、日本の地政学的な価値が重要になってくると日本を弱体化する方針は急遽撤回され、財閥解体は骨抜きとなった。独占禁止法も、占領期間が終了すると真っ先に改正され、緩和された。

高度成長期つまり東西冷戦期間中は日本の独占禁止法はほとんど有名無実化していたといわれる。アメリカもソ連と対立しているあいだは日本が「サボっている」のを黙認していたのだ。アメリカは後になって「日本の独占禁止行政はなってない、談合を野放しにしているのはけしからん」と急に非難するようになったが、日本の独占禁止法政策はもともとアメリカによって生みだされたその瞬間から、アメリカの国策に常に左右されてきたのだった。

「独禁法をもっと厳しくしろ」とアメリカは言うが

アメリカが日本の独占禁止法行政にうるさく口を出してくるようになったのは、前の章でふれたように、レーガン政権のときにヤイター通商代表が関西国際空港プロジェクトに介入してきたことがきっかけだった。以降、日米構造協議から『年次改革要望書』を通じて、公正取引委員会の強化とともに、独占禁止法をもっと厳格化しろ、罰則を強化しろ、刑事事件としての摘発件数を増やせと、繰り返し要求してきたのである。

ところが逆に当のアメリカでは、独占禁止法（反トラスト法）政策はレーガン政権のころから急激に緩和されてきているのだ。村上政博『アメリカ独占禁止法　シカゴ学派の勝利』（有斐閣）によると、一九五〇年代から六〇年代にかけてのアメリカ経済の黄金期には、アメリカでは独占禁止政策が非常に厳しく運用されていた。とくにケネディ、ジョンソンの二代の民主党政権時代は、司法省がＩＢＭやＡＴ＆Ｔに対して訴訟を起こすなど、巨大企業に対する政府の対決姿勢が鮮明となり「反トラスト法の全盛時代」といわれた。

しかし七〇年代に入ると、日本企業との競争でアメリカ企業の敗色が濃くなり、アメリカの貿易赤字が深刻化してきた。アメリカ企業が競争力を失ったのは、主にアメリカ企業自身の責任だったが、共和党は、消費者が反トラスト法違反で企業を訴えたり、企業同士が訴訟合戦を繰り広げたり、そうした訴訟の爆発がアメリカ企業の体力を弱め衰退させたのだ、と民主党流の政策を批判した。

また市場経済の自由放任を信奉するシカゴ大学の学者たちは、アメリカ政府の企業に対する対決姿勢や厳しい独占禁止政策は出過ぎた介入だと批判した。

一九八〇年代の初めに、民主党のカーター政権に替わって登場した共和党のレーガン政権は、シカゴ学派の主張を全面的に採用し、シカゴ学派系の法学者を裁判所の判事に大量に任命した。翌年、司法省は十年以上も争ってきたＩＢＭに対する訴訟をあっさり取り下げた。アメリカにおける「反トラスト法の全盛時代」の終わりを告げた象徴的な出来事だといわれている。

こうしてアメリカ国内では独占禁止政策が緩和されてきたのとは裏腹に、日本に対しては逆に規制強化を執拗に要求してきたのである。そこにはシカゴ学派の理論の一貫性もなにもあったものではない。アメリカ企業の体力強化と日本企業の弱体化というむき出しのエゴがあるのみである。私はこれこそアメリカのご都合主義、ダブル・スタンダードの典型ではないかと思う。

司法制度改革の三つの柱

ところで現在日本で実際に進められている司法制度改革は、大きく分けて三つの柱からなっている。一に裁判期間を短縮し裁判を迅速化することで国民が気軽に裁判を起こしやすくすること。その対策として裁判官や弁護士の人数を大幅に増やすこと。そしてアメリカ流の陪審員(日本ではなぜか「裁判員」と言い換えることになった)制度を導入して、国民が裁判に接する機会をつくり、司法というものを国民にとって身近なものにすること。この三つである。

こうした流れから、アメリカが日本の司法制度の改革を要求しているのは、やはり日本の司法を民主化するためではないか、アメリカの国益のためだというのは単なる邪推ではないか、と思う人がいるかもしれない。

対日年次改革要望書に盛り込まれていたこと

ここで今回の司法制度改革の経緯を振り返ってみたい。

かつて日本でも一度、昭和三十年代に司法制度の改革気運が高まったことがある。だがそのとき設置された「臨時司法制度調査会（略して臨司）」のメンバーが裁判所、検察庁、弁護士会のいわゆる「法曹三者」つまり業界内部の人間の比重が高かったため、それぞれの既得権益が激しく対立して結局なにひとつ決められないままうやむやに終わってしまった。日本の司法制度の改革は不可能とまでいわれた時期がその後長く続いていた。

今日、さまざまな勢力が司法制度改革を推進するようになったが、最も早く改革論議の口火を切ったのは経済同友会である。総合リース会社オリックスの宮内義彦社長（当時）が座長をつとめた「現代日本社会を考える委員会」が経済同友会名で『現代日本社会の病理と処方』という提言書を世に問うた。

この提言書にいう「現代日本社会の病理」とは、ひとことでいえば「行政の肥大」ということである。その「処方箋」として、「行政」に代わって「司法」をもっと個人に身近な存在へと変えるべきである、という理屈から司法制度改革の必要性を説く。そして結論として、司法の役割を日本社会全体のなかで改めて位置づけ直すこと、国民の司法への参加を促すこと、そしてなぜか日本の司法制度を諸外国のものと整合させること（論拠不明）を推進するために新たな審議会の設置を提言した。一九九四年のことである。

それはまさに前年の宮沢・クリントン日米首脳合意に基づき第一回の『年次改革要望書』が提出された年だった。そしてその記念すべき初のアメリカ政府の『対日年次改革要望書』には、独占禁止法の改正と民事訴訟手続きの改善という要求項目が、最初からセットで盛り込まれていたのだ。

財界人から市民団体までオール与党

宮内委員会の提言から五年後の一九九九年に「司法制度改革審議会」の発足が実現した。「臨司」の二の舞を避けるためか、現役の法曹関係者が審議会メンバーから一切排除されるという異例の人選だった。

だが法曹三者のうち日本弁護士連合会（日弁連）は過去の路線を転換し、「司法制度改革審議会」への積極的な対応をこの年の理事会で決議している。日弁連は現在「市民による市民のための司法改革を」というスローガンのもと、市民団体とタイアップして司法制度改革論議を推進しているが、なかでも「裁判員制度」の創設を運動の目玉として位置づけているようだ。著名俳優を起用した「裁判員〜決めるのはあなた」というドラマを製作して全国で上映するなどのキャンペーン活動を展開している。

こうして規制改革派の財界人から民主派の市民団体までが「オール与党」となっている現状では、「司法制度改革に対して少しでも疑義を提起すると、あたかも既得権益を死守しようとする抵抗勢力の片割れとして糾弾されかねない雰囲気だ。一方、日本政府に対して司法制度改革の圧力をかけ続けるアメリカ政府は、民主派にとって願ってもない援軍と映るかもしれない。

だが少なくとも、アメリカ政府が日本の司法制度に対して改革を要求するその意図は、民主化とはなんの関係もない。私がそう断定するのにはわけがある。現下の司法制度改革論議の三本柱のうち最初の二つ、すなわち裁判の迅速化と法曹人口の増大は、確かにアメリカの要求そのままである。しかし三本目の柱である裁判員制度の導入に関してアメリカは、日本に対してひとことも要求していないのだ。

アメリカが陪審員制度を要求しないわけ

裁判員制度のモデルである陪審員制度は、アメリカの司法制度の民主性を表す最大の特色といっても過言ではない。ハリウッド映画には法廷物というジャンルがある。法廷で原告被告双方の弁護士が、一般市民から選ばれた陪審員を説得するために、ゲームのような駆け引きを展開する場面がよく登場する。

陪審員に選ばれると仕事に差し障るので、アメリカ人も本音では避けたがっていると言われる。しかしアメリカン・デモクラシーの建前では、陪審員として裁判に参加するのは市民の義務というよりはむしろ権利だ、ということになっている。西部開拓時代の民衆裁判の名残で、人民自治のシンボルなのである。

それではアメリカはなぜ、一番のご自慢であるはずの陪審員制度を導入しろと日本に要求してこないのか。アメリカで一度でも民事裁判に巻き込まれたことがある日本企業の法務担当者なら全員その理由がわかるはずだ。

自国の企業が外国企業と争う裁判では、陪審員は自国の企業に有利な判決を下すケースが多いからだ。日本企業の多くは、アメリカで裁判に訴えられ、アメリカ人陪審員に不利な判決を下されて散々泣かされてきたのだ。特に日本企業が集中的に狙われたのは特許裁判である。次々と裁判に負けた日本企業は信じられないような巨額の賠償金をむしり取られてきたのだ。アメリカは日本で逆の目に遭うことを心配しているのである。

しかし実に不可解なことに、日本の司法制度改革案では、陪審員（裁判員）制度は刑事裁判、それも地下鉄サリン事件のような社会的に重大な刑事犯罪の裁判に限ってのみ導入される手はずになっている。これならアメリカはまず関係ない。枕を高くして眠れるわけだ。

アメリカの魂胆はリーガル・ハラスメントか

日本の司法制度に対するアメリカの改革要求の真意は、裁判を起こしやすい環境を整えたうえで、アメリカ企業がライバルの日本企業を談合や特許侵害で次から次に訴えようという魂胆なのだろうか。

かつてアメリカに乗り込んでいった日本企業が向こうで散々やられたようなリーガル・ハラスメント（訴訟禍）を、今度は日本を舞台に移して再演しようというのだろうか。それも目的のひとつかもしれないが、それではアメリカ企業の方も裁判費用がいくらあっても足りないという難点がある。アメリカにとって、もっと安上がりで、しかも自ら裁判の当事者にならなくてもよい方法がある。

日本の市民に「集団訴訟」を起こさせる

それは談合企業に対して日本の市民に「集団訴訟」を起こさせることだ。集団訴訟というのは、不特定多数に被害がおよぶような事件で、ひとりひとりの被害者が単独では弁護士を雇う余裕がないような場合、大勢の被害者が集団をつくって費用を出し合って訴訟を起こすことだ。これも「クラス・アクション」と呼ばれるアメリカで発達した裁判の手法で、たとえば公害病や薬害の被害者による訴訟の例がある。

消費者が製造物責任法でメーカーを訴えたり、少数株主が経営陣を訴える株主代表訴訟というのも集団訴訟の一種である。公共事業は税金を使って行う事業なので、もし談合などの不正があれば納税者に損害の返還を求める権利がある。

そこでアメリカは日本の地方自治法という法律に目をつけて、談合企業が不正に得た利得を自治体に返還請求する住民訴訟を起こさせようと考えているのだ。『年次改革要望書』では、地方自治法だけでなく、中央の官公庁の公共事業に関しても似たような法律をつくるよう要求している。

アメリカには、談合に関する情報を入手するノウハウはすでにいろいろありそうだし、それをマス・メディアにリークしたり、世論を操作したりするのもお家芸である。それでも住民が動かなければ、アメリカ系巨大法律事務所が抱える集団訴訟のプロフェッショナルの弁護士を地域に派遣して住民を煽動してまわり、原告団を組織して手取り足取り裁判に導けばよい。訴訟はつくり出すものなのだ。アメリカではごく日常的なビジネスとして行われていることである。

訴訟爆発で日本企業弱体化をもくろむ

アメリカは、一九五〇年代から六〇年代にかけての自国の「反トラスト法の全盛時代」に自分たちが苦しんだ教訓を逆手にとって、「独占禁止法の全盛時代」を日本に華開かせ、日本企業が訴訟爆発に巻き込まれて弱体化することを期待しているに違いない。その一方でアメリカは、薬害訴訟や製造物責任訴訟には冷淡である。『年次改革要望書』にはひとことの言及もない。アメリカ企業自身が訴えられる可能性のある分野については、寝た子を起こすつもりはないらしい。

日本政府もターゲットに

アメリカの戦略の周到さには驚くばかりだが、まだこれで終わりではない。日本企業を弱体化させることだけが最終目標ではないのだ。この戦略は、日本の政治・経済・社会を研究し尽くしたうえで、壮大な〝ビジョン〟のもとに立案されている。日本の裁判制度に対するアメリカからの要求は大きく分けて三つだと私は書いたが、実はもうひとつあるのだ。

それは「司法による行政の監視」ということである。これは司法制度改革審議会では、取りあえず見送られた。だが、アメリカの司法制度改革要求は、たんに日本企業の弱体化にとどまらず、本丸である日本の官僚制、つまり日本政府そのものをもターゲットにしているのだ。

アメリカは『年次改革要望書』で、裁判所による官公庁に対する監視を強化しろと毎年日本に要求している。そのために行政事件訴訟法などを見直すべきだと主張している。これは官公庁が政策を打ち出したり、条例を公布したりすること、つまり行政行為そのものを市民が監視し、問題があれば裁判所に訴え、法廷で是非を争うという制度である。市民が裁判という手段を通じて行政を監視する、という発想に基づいている。そしてアメリカの発想では、日本で活動するアメリカ企業やアメリカ系法律事務所も当然、その「市民」に含まれる。

日本の社会構造そのものを変えさせる

アメリカが日本に「司法による行政の監視」の強化を要求している背景には、これまでも再三ふれたように、日本の行政に対するアメリカの根本的な不信感がある。それはアメリカが指摘する、公共事業にまつわる〝官製談合〟に象徴されている。

いつまでたっても談合が根絶されないのは、たんに日本の民間業者に問題があるだけではなく、むしろ日本の行政当局が民間と一体となって、日本の商慣習や伝統的な体質を死守しようと抵抗しているのだ、とアメリカは考えているのである。

アメリカは日本の行政当局に圧力をかけることによって改革を迫る手法に限界を感じて、政官業が一体となった日本の社会構造そのものを、アメリカが正しいと考える姿に変えさせる、という方針に転じたのである。

二十一世紀の〝この国のかたち〟は

それはひとことでいうと、「行政優位型」から「司法優位型」への社会変革である。司法制度改革の内容を検討した審議会が二〇〇一年六月に発表した『21世紀の日本を支える司法制度』という最終意見書は、それを「事前規制・調整型社会」から「事後監視・救済型社会」への転換だと表現している。

二十一世紀の〝この国のかたち〟として目指すべき目標は「事後調整型社会」だというのだ。いったいどういう意味なのか。「事前規制型社会」というのは、要するに御上の行政指導のもと、業界団体が内輪で利害調整を行い、さまざまな約束事をあらかじめ〝談合〟しておくことによって、競争から生じる摩擦をできるだけ前もって回避しようとする社会、つまり秩序や協調を重視する日本的社会そのものである。

一方「事後調整型社会」とは、行政による規制や業界による事前の利害調整を一切なくして、誰にも自由にやらせて好きなようにとことん競争させる、それでなにか問題が起きたら、そのとき裁判で争って解決すればよい、とする社会で、自由放任と自由競争を重んじるアメリカ型の社会といえる。

アメリカ型への「日本改造プログラム」

つまり司法制度改革審議会の最終意見書が提言している司法制度とは、言ってみれば日本の社会そのものをアメリカ型に改造する「日本改造プログラム」にほかならないのである。

しかしこの最終意見書を隅から隅まで読んでも、「日本をアメリカ型社会に変える」などという表現はひとことも出てこない。まして、アメリカ政府の『年次改革要望書』の司法制度改革要求については一切触れられていない。アメリカの国益に基づいた「イニシアティブ」メカニズムの存在という、重要な背景がまったく書かれていない。

司法制度改革が二十一世紀の〝この国のかたち〟を変革させようという壮大な意図を持つものならば、「アメリカからこういう外圧もある」ということも含めた、すべての背景を明らかにしたうえで、国民的な議論を尽くす必要があるのではないだろうか。

だがすでに述べたように、この問題はあまりにも大き過ぎて、けっきょく最終意見書では理念として語られたのみで、具体的な方策は先送りされた。佐藤幸治・竹下守夫・井上正仁共著『司法制度改革』(有斐閣)では、実際に審議会にかかわった法学者の立場から次のようなエピソードが披露されている。少し長いが、ものすごく重要なことを語っているので引用したい。

「初めは、できるだけこの課題にも切り込もうと考えて、行政訴訟の専門家四人の方に来ていただいてヒアリングをしたりしました。しかし……終局的には、日本国憲法の下での統治構造の中における行政と司法、それぞれの役割・機能とその限界、さらに三権相互の関係まで検討の対象としなければならない、という認識に至ったわけです。……そうなると果たしてわれわれの審議会が、その検討のための適切な場であるかという疑問が生ずるとともに、……具体的な提言をすることは難しいとの判断に達したわけです」

あまりに重大過ぎる問題だから

私は司法制度改革審議会のこの姿勢は誠に正当なものだったと思う。もし性急に結論を出していたら取り返しのつかないことになっていたかもしれない。「司法による行政の監視」というテーマは、司法制度改革審議会が躊躇するほど重大過ぎる問題なのだ。憲法や三権分立という国家の存立にかかわる議論を避けて通ることが出来ない。主権国家に対して外国が気軽に要求できるようなことではないのだ。

だが日本政府部内では現在、行政事件訴訟法に対して、施行以来四十年ぶりの全面改正に向けての検討作業が進められている。これが実現すると、在日アメリカ企業が日本の裁判所を使って、日本政府の決定を差し止めさせる、などということも可能になるのだ。アメリカはかんたんに引き下がる国ではない。「イニシアティブ」メカニズムはレーガン政権時代の日米円ドル委員会以来、もう二十年も続いていることを忘れてはならない。

黒衣の神官団

「揺れる評決」というアメリカのテレビ映画がある。冒頭で、アンディ・ガルシアが演じる新任の判事が、アメリカ連邦最高裁判所に初出勤する場面が描かれている。

パルテノン神殿風の建物に入ると、あたりは荘重な雰囲気に満たされている。新任判事は、引退した前任判事が長年着ていた黒い法衣を授けられ、袖を通すとき感極まって天を仰ぐ。最高裁判事の地位は本人が引退や死亡しない限り終身制なのだ。やがて重厚な扉が大きく開かれ、九人の最高裁判事が就任順に、大法廷の広間におごそかに入廷していく。私はこれを観てモーツァルトのオペラ「魔笛」のザラストロの神官団の神秘的な合唱の場面を連想した。

三権のバランスがまったく違う日米

同じ民主主義国家という看板を掲げていても、日本とアメリカでは立法・行政・司法という三権のバランスがぜんぜん違うということは、実は私もよく知らなかった。日本では国民に選ばれた国会議員【立法】が「センセイ」と呼ばれて一番偉そうに見える。だが、議員立法（国会議員が自分で法律案をつくること）が珍しいこととされていることからもわかるように、実際には官僚が【行政】だけでなく、法案の作成という立法行為もほぼ独占しているのが実情だ。一方、最高裁判所【司法】の影はごく薄い。日本が「官」優位、行政優位の国といわれる所以である。

これに対してアメリカでは、【行政】は与えられた権限の範囲内で事務を処理するのが本来の役割だ。アメリカ大統領はわれわれ外国から見ると世界最高の権力者に見えるし、また事実それに相違ないのだが、それは主として外交と軍事に関してであって、内政に関しては「選挙で選ばれた役人」と呼ばれるように万能の絶対権力者ではない。【立法】に関しては、アメリカは「スムート・ホーレー法」や「グラス・スティーガル法」のように議員の名前を冠した法律が多いことからわかるように議員立法が原則だが、日本と最も大きく異なるのは【司法】の位置づけである。

アメリカ社会で司法が果たす役割の大きさ

十九世紀半ばに刊行されて以来こんにちまで、アメリカに関する必読の古典的名著といわれる『アメリカの民主政治』の中でフランスの政治思想家アレクシス・ド・トクヴィルは、アメリカ社会で【司法】が果たしている役割の巨大さに驚きの目を向けている。

「現在までのところでは、アメリカ人と同様のやり方で司法権を構成している国は世界のどこにもない。アメリカ連邦で外国人が理解するのに最大の苦心を払っているのは、司法組織である。外国人にとっては、政治的出来事で裁判官の権威にたよらねばならないものはないといってよい。そこで外国人は、アメリカ連邦では裁判官が第一位の政治力の一つであると当然結論することとなる。……これほどに巨大な司法権は他のいかなる民族にもつくられていない」

行政府への不信感はアメリカ人の本能

どうしてアメリカでは、裁判官や裁判所の権威がこれほど高く、ヨーロッパの知識人が理解に苦しむほど【司法】が肥大しているのか。それはアメリカという国のなりたちそのものに由来している。アメリカはもともと、本国での王室や教会の権威に反発し、個人の自由を求めてヨーロッパから脱出した人々が植民してつくった国だ。つまり権威というものを徹底的に嫌う人々が命がけで打ち立てた〝理想郷〟なのである。

その人たちにとって、政府というものは厭うべき権威の象徴であり、常に猜疑心を向けて監視すべき対象以外のなにものでもなかった。アメリカ大陸には先住民が住んでいる以外に、もともと中央集権政府のような世俗的権力もローマ法王庁のような宗教的権威も存在しなかった。

そこで植民者たちは、行政府を日常的な事務を処理する必要最低限のものとして設立し、さらに政府が権力の濫用に走ればただちに裁判所に行政行為の「差し止め請求」を訴えることができるシステム、つまり「司法による行政の監視」というシステムをつくりあげたのだった。

つまり行政府に対する不信感は、アメリカ人の遺伝子に刷り込まれた本能なのである。そしてアメリカ人が日本の行政府に疑いの目を向けるとき、自分たち自身の原体験を重ね合わせて見ているのである。彼らの歴史や国の成り立ちと、わたしたちの祖国のそれとは、なにひとつ共通するものはないというのに。

ブッシュ大統領や連邦議会も巻き込んだ大騒ぎ

ところで、九・一一のショックも冷めやらぬ二〇〇二年六月、ひとつの裁判の判決をめぐって、アメリカでブッシュ・ジュニア大統領や連邦議会まで巻き込む大騒ぎが起きた。七月六日付けの日本経済新聞によるとその顚末はこうである。

カリフォルニア州の連邦高等裁判所が、アメリカの国旗「星条旗」に向かって「忠誠の誓い」を公立学校で日課として行うのは、合衆国憲法の修正第一条に違反しているという判決を下したのだ。なぜかというと、忠誠の誓いには「神の名の下にひとつの国家となり……」という文言が含まれているため、憲法に定められた政教分離の原則に反するからだという。

宗教心篤く、自身も神の名を口にすることが多いブッシュ・ジュニア大統領は「ばかげている」と憤激した。それをきっかけに、全米各地で判決に対する非難の大合唱が沸き起こり、原告の無神論者には脅迫電話が殺到したという。しかし一九六二年に、公立学校でのキリスト教の祈禱文を読むのは憲法違反だとする連邦最高裁の判決がすでに出ているのだ。キリスト教右派はいまでもこの判決に怨念を燃やし続けているといわれている。

立法も監視するアメリカ司法

これらの判決が問題にしている合衆国憲法の修正第一条は「連邦議会は、国教を定めることに関する法律、あるいは自由な宗教活動を禁止する法律を制定してはならない」という条文で、議会の立法行為そのものを禁止している。アメリカの司法の監視は、行政だけでなく立法にも及んでいるのだ。これはアメリカの裁判所に、議会がつくった法律が合衆国憲法に違反していないかどうかを判断する「違憲立法審査権」という権利が与えられているためである（日本の裁判所にもGHQが置き土産として残していった）。つまりアメリカの裁判所は、法律に照らして判決を下すというだけでなく、法律そのものを裁きの対象にかけることができるのだ。

見方をかえると、アメリカ合衆国憲法を解釈することを許されるのは、大統領でも連邦議員でも州知事でもなく、裁判官だけに与えられた特権だということだ。アメリカの裁判所が憲法の番人といわれる所以である。トクヴィルは当時、「この権力はアメリカ的司法官に特有な唯一の権力である」と書いている。

このような、【行政】と【立法】に対する【司法】の一方的な優位という三権のバランスは、ヨーロッパ各国の政治システムに精通したトクヴィルも驚いたほど特殊で、アメリカ特有のものなのである。トクヴィルは「アメリカ的裁判所のこの活動様式が公共的秩序に最も好都合であるかどうか、また、これと同時に、自由にとって最も好都合でないかどうか、わたくしにはわからない」と慎重な見方をしている。

日本の司法制度改革案がお手本にしているアメリカ独特の司法システムは、果たして現実にうまくいっているのだろうか。

アメリカ社会の訴訟禍

アメリカで交通事故に遭うと、病院に担ぎ込まれる頃には、いつのまにか手に何枚かの名刺を握らされているそうである。あとで名刺をよく見ると、法律事務所の電話番号が書いてあるという。事故の相手を訴えるならご相談にのります、という弁護士の営業活動なのだ。

事故の噂を聞きつけると現場に飛んでいって被害者、加害者だれかれかまわず訴訟をセールスしてまわるような押し売りみたいな弁護士のことをアメリカでは「アンビュランス・チェイサー（救急車の追っかけ屋）」と呼ぶそうだ。高山正之・立川珠里亜『「訴訟亡国」アメリカ』

（文藝春秋）に紹介されているエピソードである。

この本にはアメリカ社会を混乱の渦に叩き込んでいる訴訟禍の凄まじい実態が紹介されている。最も典型的なのが「一杯のコーヒーがこぼれればカネになる」というエピソードだ。マクドナルド・ハンバーガー店でコーヒーをこぼして火傷した人が、熱過ぎるコーヒーを出した店が悪いとマクドナルドを訴えた。一九九四年にニューメキシコ州の地方裁判所は原告（火傷の被害者）の訴えを認めて、マクドナルドに対して実質的損害賠償十六万ドル、懲罰的損害賠償四十八万ドル、合わせて六十四万ドルを支払うよう命じたそうだ。すると全米各地の裁判所に「私も火傷した」と、マクドナルドを訴える訴訟が七百件以上も殺到したという。

弁護士業界が巨大な政治力を持つアメリカ

これでは訴訟の爆発がアメリカ企業の体力を弱体化させたと共和党が悲鳴をあげるのも無理はない。しかしアメリカの政治家、とくに民主党には弁護士出身者が少なくなく、弁護士業界は巨大な政治力を持っている。

高山氏は、主要閣僚がすべて弁護士出身だった民主党のクリントン政権の誕生を「弁護士がついに一国を丸ごと乗っ取った」と表現している。ヒラリー夫人はアメリカ最初の弁護士出身ファーストレディーだった。アメリカには、訴訟ブームを引き起こすような新法を次々と立法化し、裁判のネタを社会にまき散らすような議員さえいるという。人間の心に潜む被害者意識や復讐心に火をつけて商売のネタにするのだ。

高山氏は、アメリカに広がる訴訟禍を黒死病（ペスト）に、そしてそれを増殖させている弁護士を疫病神にたとえているが、まさに言い得て妙である。

ヨーロッパ人からみても異常

アメリカ社会のこうした実態は、われわれ日本人だけでなく、ヨーロッパ人から見てもやはり異常に見えるようである。ペーター・ハイデンベルガー氏は「アメリカの裁判所でアメリカ人を訴訟相手にして30年間闘ってきた」という不屈のドイツ人弁護士だが、『アメリカ流裁判のやり方　ドイツ人からみたアメリカの法文化と民事裁判』（東京布井出版）という本で自身が担当した訴訟の実例を紹介し、「アメリカの民事裁判は、『怪物』（Schreckgespenst）である。少なくともドイツ人の目には、それほど怪異に見える……このような制度は、ドイツの法的思考方法になじまないものであり、理解することが困難である」と述懐している。

特に違和感を持ったこととしてハイデンベルガー氏は「攻撃的でアイデアに富んだアメリカの弁護士は自己の当事者に都合の良いように、許される限度ぎりぎりまで事実を歪め思うままに民事訴訟規則をもてあそぶ」と、アメリカの弁護士の特異体質を挙げている。

数多の弁護士がひしめきあって争うアメリカ

佐藤幸治他著による『司法制度改革』(有斐閣)に弁護士人口の国際比較統計が載っている。少し古い一九九七年のものだが、それによると日本は約一・六万人、ドイツは八・五万人の弁護士がいるのに対し、アメリカには九〇・七万人もの弁護士がひしめいている。絶対数も圧倒的だが、人口比で比較しても、日本を一とすると、ドイツがその約八倍なのに対し、アメリカは日本の二十六倍となる。

これだけの数の弁護士がひしめき合って、獲物を求める狩猟民族のようにつねに嗅覚を研ぎすませているのだ。激しい競争に鍛えられて、恐ろしいほど法廷技術に熟達した有能な弁護士がいる一方で、真実を歪めてでもなりふり構わず相手を言い負かそうとする節操のない悪質な弁護士も少なくないだろうと想像がつく。日本がいま進めている弁護士業務の自由化、アメリカ型ロースクールの導入、そして「事後調整型社会」へ向けての国家改造は、アメリカで仕事にあぶれている弁護士たちの目には願ってもない失業対策と見えるに違いない。

私人に訴訟を起こさせるインセンティブ

ところでアメリカで訴訟爆発が起きる背景には、司法優位の政治・社会システムや膨大な弁護士人口に加えて、もうひとつ重要な原因があることが田中英夫・竹内昭夫共著『法の実現における私人の役割』(東京大学出版会)という本を読むとわかる。

それはアメリカの司法制度には、私人(行政機関以外の個人や民間企業のこと)に訴訟を起こさせるさまざまなインセンティブ(奨励策)が仕掛けられている、ということだ。

代表的なものをひとつだけ挙げると、マクドナルド火傷裁判の判決にもあった懲罰的損害賠償という制度である。これは加害者が悪質だと裁判所が判断した場合、実損をカバーする通常の損害賠償に上乗せして、制裁を加えるためのペナルティを払わせる、というルールである。

民事訴訟になぜ刑事罰的な制裁を持ち込むのかと諸外国から評判が悪い。この巨額の賠償金が刺激となって、全米にマクドナルド裁判が広がったように、個人が企業や行政機関を訴えたり、企業同士が泥沼の訴訟合戦を演じたりする、アメリカ特有の〝私訴〟の濫発状態をつくりだしているのである。

アメリカの反トラスト法(独占禁止法)や特許法には「三倍賠償」という懲罰のため賠償金を三倍にするルールがあり、日本企業はこれでずいぶん巨額の賠償を負担させられた。『法の実現における私人の役割』によると、民法と刑法をしっかり区別するドイツでは対照的に、賠償金は経済的な実損の範囲しか認められていないそうで、それは精神的な苦痛をカネに換算することを軽蔑するドイツの国民性も反映しているのではないか、と説明している。

訴訟禍をめぐるアメリカの惨状については、アメリカ国内でも自省の声がある。シーモア・リプセットは『アメリカ例外論』（明石書店）のなかで、アメリカの権利章典は、政府による権力の濫用から市民を守るためのものであったが、これを利用して過度の訴訟が行われるようになり、アメリカ人は政府と対抗するためだけでなく、市民同士が対抗するために裁判に訴えるという罠に落ちてしまった、と述べている。

法は裁判所で作られるアメリカ

アメリカ的な司法優位の社会は、古くはフランスの政治思想家アレクシス・ド・トクヴィル、現代でも不屈のドイツ人弁護士ペーター・ハイデンベルガー氏といったヨーロッパ人の目から見ても驚くべきものに映るようである。それはたんに彼此の司法制度の違いに由来するばかりではなく、「法」という概念そのものにもアメリカとヨーロッパ大陸とのあいだには本質的な違いがあることが原因なのだ。

アメリカでは議会での立法行為ももちろん行われているが、本来「法」は議会ではなく、裁判所でつくられるものだ、と考えられているのである。なぜかというと、それはアメリカが「判例法」の国だからである。「法」というものに対する考え方が、日本人やドイツ人とは根本的に違うのである。このあたりは、アメリカ人の思考方法やアメリカという国そのものの性格、あるいはアメリカとヨーロッパ大陸の発想の違いなどを考えるうえでとても重要だ。

「大陸法」文明と「英米法」文明

ひとくちに「欧米」といっても、その内部には実は大きな文明の断層があるのである。欧(ヨーロッパ)と米(アメリカ)のあいだの断層ではない。フランス(ラテン)やドイツ(ゲルマン)を中心としたヨーロッパ大陸系の文明と、イギリスとその植民地だったアメリカ、オーストラリア、カナダなどアングロ・サクソン系の文明とのあいだに、大きな越えがたい断層があるのである。

その断層は、民族でも宗教でも言語でもなく、「法」に関する概念が根本的に違っていることに由来するので「大陸法」文明と「英米法」文明と呼ばれている。アメリカやヨーロッパの文明について考えるうえで、「法」というものがいかに重要か、わたしたち日本人の想像を越えるものがある。

アングロ・サクソンの大陸コンプレックス

フランス・ドイツはローマ帝国時代のローマ法大全と、ナポレオン時代のナポレオン法典の流れをくんでいる。いずれも強大な権力を持った中央集権体制のもとで、法学者を組織的に動員して編纂させた体系的な法典をもっているのが特徴である。このためヨーロッパ大陸の法を「制定法」とか「シヴィル・ロー」と呼ぶ。

これに対して、イギリスは辺境の島国だったためか、ローマ帝国には支配されたものの、ローマ法の影響はあまり受けなかった。このためイギリスはヨーロッパ大陸とは異なる独自な法の歴史を歩んだのである。

ウィリアム・ゲルダートの『イギリス法原理（原書第8版）』（東京大学出版会）によると、イギリスの法は、裁判所が個々の事件に関して下した過去の膨大な判決の集積そのもの（これを「判例」という）が「法」なのだという。そのためイギリスの法は「判例法」とか「コモン・ロー」と呼ばれる。これはヨーロッパ大陸から隔絶された島国イギリスの極めてローカルな現象だった。そしてのちにイギリスの植民地になったアメリカやオセアニアなどアングロ・サクソン系の国だけに定着した。特にアメリカで判例が蓄積されたので、われわれ日本人は普通「英米法」と呼んでいる。

イギリス人やアメリカ人はよく誇らしげに「コモン・ローの伝統」という言い方をする。そして大陸法について語るときは「ナポレオンの伝統」と一抹の侮蔑をこめて言う。物議をかもしたブッシュ・ジュニア政権のラムズフェルド国防長官の「古臭いヨーロッパ」発言にも一脈通じるものがある。このへんに、アングロ・サクソンの屈折した対ヨーロッパ大陸コンプレックスの根っこがあるように思うのは私だけだろうか。

大掛かりな訴訟は人海戦術で

いずれにせよ判例が法であるため、イギリスには「六法全書」のように体系的にまとめられた民法や刑法というものがないばかりか、成文化された憲法さえない。

裁判官や弁護士は、ひとつの裁判を担当すると、過去の膨大な判例の中から似たような事件をいくつか探しだしてきて、その判決内容を分析して自分が担当する事件の弁護方針や判決を考えるのだという。これは大変な作業である。だから英米法の世界では、大掛かりな訴訟になると人海戦術が必要になるのかもしれない。

バーベット・シュローダー監督の「運命の逆転」というアメリカ映画では、ある有名な事件の弁護を依頼されたハーバード・ロースクールの人気教授が、大勢のゼミの学生を動員して自邸に寝泊まりさせ、いくつかのチームで手分けして弁護に有利な判例を捜させる場面が印象的だった。これなら巨大法律事務所が数百人の常勤弁護士をかかえていても仕事からあぶれないわけだ。

イギリスではシロウトでも法律を調べられるような六法全書みたいな便利な法典がついに日の目を見なかったのは、イギリスの弁護士階級が仕事にあぶれないために、わざと複雑な判例法の伝統を守り抜いたからだという、冗談みたいな説があるほどだ。

日本版ロースクールのカリキュラムをめぐる紆余曲折

二〇〇四年四月から日本でも日本版ロースクールが始まるが、そのカリキュラムをめぐって紆余曲折があったらしい。検討する際にモデルにしようと考えたアメリカのロースクールは、実際にあった判例を材料にしてディスカッション形式で講義を進める「ケース・メソッド」というのが主流である。これは当然、アメリカが判例主義の国だということを反映している。

ところが日本のこれまでの法学部の授業というのは、民法、刑法といった法典ごとに各法律の条文解釈を講義していく形式である。それは日本が制定法の国だから当然なのだ。日本では明治維新のとき、憲法はプロイセン（ドイツ）、民法はフランスなど、ヨーロッパの「大陸法」を参考にしてつくった法体系がいまでも続いている。だから日本の法体系を英米法に変えない限り（このままいくと、いずれそうなる日が近いのかもしれないが）、ケース・メソッドをそのまま真似しても意味がないのである。

狡猾なイギリス人の抜け穴

ところで、過去の判例を参考にして判断していたら、前例がないような新しい現象がうまれてきたときどうするのか、という素朴な疑問が生じる。そこでどうしても、過去の判例解釈を意図的に「誤読」して、都合のいい方向にゆがめる、という操作が必要になる。さすがに狡猾なイギリス人はうまい抜け穴を考え出すものだ。英米法には「コモン・ロー」とならんで実はもうひとつ「エクイティ」と呼ばれる〝超法規的な〟法の伝統があるのだ。

しかし国際派のビジネスマンでコモン・ローなら知っているという人でも、エクイティについては聞いたことがないという人は案外多いのではないか。特許法に詳しい人なら別だろうが、私は北京で英米法に悪戦苦闘していたときには実は知らなかった。私がこの言葉を知ったのは、白状すると本書を書くために独占禁止法の歴史を調べていたときなのだ。GHQの占領政策の置きみやげである独占禁止法はこのエクイティの伝統から生まれ出たものなのである。

エクイティは人情味あふれる「大岡裁き」

エクイティというのは日本語でよく「衡平法」という難しい訳語があてられるが、もともとラテン語で「道理があり、適度な権利の行使」を意味する言葉だそうだ。ゲルダートの『イギリス法原理（原書第8版）』によると、エクイティとは、判例の字句（制定法では法律の条文）にかかわらず、判決に際して〝不公正な（アンフェア）〟とか〝不当な（アンジャスト）〟といった道徳的な判断を下すことだという。

なぜそんな恣意的なことが許されたのか。フレデリック・メイトランドの『エクイティ』（有斐閣）によると、貧富の差が激しく、身分制度も厳しいイギリスでは、裕福で権力のある者がしばしば陪審員を買収したり、脅迫したりして不当な判決を勝ち取ることが少なくなかったからだという。

なんだかみもふたもない話だが、それは土地の所有権などをめぐる民事的な裁判に特に多かったようだ。こうした判決で敗訴して納得できない者が、国王に救済を求めて直訴すると、国王は大法官にあらためて審理を命じた。大法官は過去の判例（すなわち法）にとらわれず、個々の具体的なケースの〝不正〟や〝不公正〟を道徳的に是正するために裁判所の判決を覆したという。

だったら最初からまともな判決を下すように改革したらよさそうなものだが、エクイティというのは要するに、大法官の道徳観に基づく自由な裁量によって、法を超越して下された人情味あふれる「大岡裁き」のことなのだ。誠にプラグマティックというか、アングロ・サクソンらしい現実主義（ご都合主義）である。

やがてイギリスではエクイティ専門の裁判所が設立され、エクイティの判例も蓄積され続けた結果、コモン・ローとは別にエクイティというもうひとつの法の伝統ができあがってしまったという。これが大陸法の立場からみて、英米法をひどく複雑で解りにくいものにしている原因のひとつなのだ。

トマス・エジソンは訴訟王

エクイティはアメリカにも受け継がれ、むしろ独自の発展を遂げた。とりわけアメリカが大の得意とする特許関係の訴訟ではエクイティの概念を避けて通ることは不可能である。トマス・エジソンは発明王というよりは特許王、もっとはっきり言えば訴訟王なのだ。

またアメリカの反トラスト法（独占禁止法）自体も、大富豪ロックフェラーのあまりにも大き過ぎる富を社会道徳的に〝不公正〟なものだとみなすエクイティ的発想からうまれた。アメリカの要求によって二〇〇一年四月から日本にも導入された独占禁止法上の「差し止め命令」も、エクイティの伝統と、裁判所が強大な権限をもつアメリカ的な法文化のなかで発達したものなのだ。

このエクイティの伝統のせいで、アメリカでは裁判所の判決が、その時代の風潮や社会通念に左右されることが多いといわれている。一九六〇年代に裁判所が反トラスト法違反で企業側に厳しい判決を下すケースが多発したのも、民主党政権下で独占を罪悪視するリベラルが主流派を形成していた当時の政治状況を反映していたという。

とすれば、別の角度から見ればエクイティは、アメリカの一部の勢力が司法制度を利用して、恣意的な権力をふるうことを可能にする最大の武器だとも言えるのではないか。判事の任命が常に政治的大問題になる所以である。

法律的判断と道徳的判断を混同しているアメリカ人

それにしても思わぬところに、アメリカ人が大好きな〝不正〟や〝不公正〟という言葉が出てきたものだ。日本人はアメリカとの通商摩擦や法廷闘争で、よくよくこの言葉に悩まされてきた。わたしたちの目からは、アメリカ人は「適法か違法か」という法律的判断と、「公正か不公正か」、「正義か不正か」という道徳的判断をしばしば混同しているように見える。

道徳というものはもともと主観的なものだし、判断の基準も一定ではない。また文化的背景や宗教観などによっても当然異なるはずだ。アメリカ人がしばしば「不正だ」、「不公正だ」という言葉を振りかざしてなんでも決めつけてかかり、相手を一方的に断罪しようとすることや、自分に都合よく恣意的にダブル・スタンダードを使い分けたりすること自体が、彼らが誇りにしている英米法、とりわけエクイティという特殊な伝統に由来しているのではなかろうか。

いわばそれは、アングロ・サクソンの遺伝子に刷り込まれている思考回路なのだ。こういう思考パターンなら、なんでも都合の良いように解釈し、常に自己を正当化しながら、〝正義〟の名の下に実力行使に及ぶことができる。われわれ日本人には到底理解しがたいが、エクイティの伝統が存在しないフランス人やドイツ人にとっても理解できないものなのだ。

GHQの司法改革

現在日本で進められている司法制度改革は半世紀ぶりという触れ込みである。つまり前回の司法制度改革はGHQによる占領期間中に行われたわけだ。意外にもこのときGHQは、アメリカ型の司法制度を闇雲に日本に押しつけようとしたわけではなかった。それはひとりのドイツ系アメリカ人のおかげかもしれない。

GHQ民政局の法制司法課の課長だったアルフレッド・オプラーが『日本占領と法制改革』(日本評論社)という回想録で、その当時の事情を詳しく記している。オプラーはもともとドイツで最高懲戒裁判所の副長官まで登りつめた裁判官だったが、ナチスに追われてアメリカに亡命した。GHQに採用されて日本に着任したときはまだアメリカの市民権を獲得したばかりで、英語もドイツ語訛りがぬけない状況だったという。亡命者とはいえ、つい最近まで戦争相手国であるナチス・ドイツの市民だった自分をGHQが課長に抜擢してくれたことにオプラーは非常に驚いたという。

GHQがなぜオプラーを司法制度改革の担当課長に選んだのか、その理由が興味深い。GHQの上層部はアメリカ国内の日本専門家を嫌って採用しようとしなかったという。日本に詳しい奴は日本に迎合しようとするに違いないといった論理なのだ。とは言え、法律家なら誰でもいいというほどGHQはおざなりではなかった。

オプラーが選ばれた理由とは、日本についてはまったく知識がないものの、ドイツの裁判制度の実務に精通していることが評価されたのだという。GHQ上層部は、日本がドイツ法を採り入れた大陸法系の国であることを考慮して、元ドイツの裁判官に司法制度改革をやらせたのだ。ずいぶんと慎重な配慮に驚く。いまのアメリカにはこうしたデリカシーが感じられないのはどうしてなのだろう。

アングロ・サクソン型の新憲法

だが（急いで指摘するが）、もちろんGHQの配慮はすべてに及んだ訳ではない。なんといってもその最大の反証材料は新憲法である。オプラー自身は新憲法の起草にたずさわっていないが、「この憲法はアングロ・サクソン型である」と断言している。

そして「一つの人権宣言が、信じられないほど短時日の間に、活動的な実務家たちによって、書き上げられたのである。この人達の中には、誰一人として有名な憲法学者はいなかった」とはっきりと証言している。

オプラーは、アングロ・サクソン型の新憲法と、大部分がドイツとフランスの流れをくむ日本の法体系とを整合させることに苦労させられたと述懐している。オプラーは憲法以外のほとんどすべての法律の改正作業にかかわった。そのときの自分の方針についてこう述べている。

「占領軍の大部分はアメリカ人であったので、彼らがアメリカ以外の国の民主主義の仕組みを無視する危険は、常に存在していて、私はすぐに、法律と司法の改革の分野で、その経験をすることになる。私はオハイオやフロリダや或いはカリフォルニアにとっていいことは日本においてもうまく行くはずであるという態度にときどき遭遇したが、そういう態度は、日本法が大陸法に基づいていることを考えると、全く根拠がなかった」

「私達は、アングロ・サクソン法の制度が大陸法のそれよりも優れていると考えがちであるかもしれないが、性急に一方を他方に置き換えるどんな誘惑にも抵抗すべきである。日本人は、今日に至るまで彼らが慣れ親しんできたものとは根本的に異なる制度を人為的に押しつけられても、この制度を使用することができないであろう」

一読に値するオプラーの回想録

私はこの、元ＧＨＱの法制司法課長の、いまに通じる言葉を読んで感動を禁じ得なかった。当事者本人の言葉であるから、多少は自己正当化している面もあるだろう。彼は民法典を大幅に書き換えて日本の家族制度を解体した張本人でもある。オプラーの功罪が実際はどうであったのか、私はいま検証する手段を持たない。

しかしそれでもここに掲げたオプラーの言葉は、日本人としての私の心を打つ。ぜひ多くの日本人にオプラーの回想録を一読してもらいたい。そしてアメリカの『年次改革要望書』の歴代執筆者たちにも。いま日本で推し進められている事態は、占領軍でさえ躊躇したことだということを、ぜひとも理解してもらいたいのだ。

主権国家のアメリカ化

これまで、アメリカがやっきになって、わたしたちの国をアメリカ化しようとする動きを、さまざまな分野にわたって観察してきた。アメリカは、会計基準や社外取締役制や独禁法などと同様、最終的には英米法と訴訟社会を日本に植えつけようとしているらしい。わたしたちの国はあたかも、一主権国家をアメリカ化するという実験場にされているかのように思える。

その直接的な目的は、アメリカ企業にとって有利なビジネス環境を日本につくりだす、ということだ。そしてもし、すでに落ちぶれたとはいえ世界第二の経済規模を持つ日本のシステムをアメリカ化することに成功すれば、世界のアメリカ化という誇大妄想も、あながち非現実的なものではなくなるだろう。

しかしこの途方もなく無謀な実験に、アメリカ人たちがつぎ込んでいるエネルギーと情念には、そうした経済的な打算だけではどこか説明しきれない、なにか別の動機が感じられる。それは合理的に利害を計算する大脳よりも、もっと本能に近い脳幹の奥深い部分から強烈に突き上げてくる「内的衝動」のようなものだ。それはアメリカ人ではないわれわれにとっては、なんとも言い難い不可解な欲望である。

おそらくその根源には、アメリカ文明こそ世界に広めるべき普遍的な価値があり、日本やその他の非アメリカ文明は当然これを熱烈に学び、ありがたく享受するべきだという、宗教的ともいえる信念があるのだろう。どうしようもない確信犯的独善と言うほかはない。

厄介で迷惑な隣人・アメリカ

藤倉皓一郎氏は『アメリカの法文化』㈶日本国際問題研究所）のなかで、自分たちの普遍性を信じて疑わないアメリカ人の目から見れば、日本がどうして司法に頼ることが少なくして、ちゃんと秩序を維持し利害をうまく調整しながら、活力のある経済活動を続けてこられたのかが不思議でしかたがないのだと指摘する。

司法に頼らずに公正が保たれ、正義が保たれることなどありえるはずがないと決めてかかり、常に疑惑の目で日本を見ていると藤倉氏は言う。アメリカ人の目からすれば、日本の社会はなにかわけのわからない、不公正や違法行為が横行している邪悪の園みたいだ、絶対に許せん！

というわけだ。

田中成明氏は『転換期の日本法』（岩波書店）のなかで、「パターナリズム（家父長的温情主義、御上があれこれ庶民の面倒をみること）」的な社会システムと、司法に頼らない「インフォーマルな（内輪での）」紛争解決という日本的な仕組みは、日本の法文化の重要な特徴だと指摘している。

そして日本の法文化には、前近代的で非合理な否定すべき面も確かにあるが、その一方では、共生や協調といった、これからの地球に生きていくうえで不可欠な叡智を先取りしている面も見逃すことができず、むしろ近代西洋型の司法制度の限界を打開する手がかりや示唆を含んでいると主張している。まったく、百パーセント同感だ。だがアメリカ人は決してそうした目で日本を見ようとしない。実に厄介で迷惑な隣人を持ったものだ。

英米法もローカル色豊か

しかし大陸法と比較してみただけでも、アメリカ人が言い張るほどの普遍性がアングロ・サクソンの英米法にあるとは到底思えない。ローマ法大全やナポレオン法典の伝統を持つヨーロッパ大陸だけでなく、イスラームもシャリーア、ユダヤもタルムードという法典を持っている。世界の主流は制定法であり、判例法の英米法はむしろ例外なのだ。

それぞれの民族や文化には、それぞれ固有の法があってよいはずだ。そしてそれぞれの法のあいだには、決して十把一絡げにできない「不可共約性」がある。なぜなら法は、それぞれの民族や文化の独自性にかかわるものだからだ。

英米法とて、アングロ・サクソン民族の固有の文化と独特の思考パターンに色濃く染めあげられており、イギリス本国とかつてその植民地だったアメリカやオセアニアなど特定の地域だけに見られるローカル色豊かなものに過ぎない。にもかかわらず、なぜアメリカ人は、自らの価値観の普遍性を自明のことだと信じて疑わないのだろうか。

世界の多様性を是とするか非とするかによって、世界はまるで違って見える。世界の多様性を豊穣と見る人もいる。だが多くのアメリカ人の眼には、世界がアメリカとは違った価値観を持っているということが、我慢ならないほど嘆かわしい状況に映るようである。

アメリカは他の国とはかけ離れた存在

ところでアメリカの価値観とは、それほど彼らにとって誇らしく、我らにとって有り難きものなのだろうか。シーモア・M・リプセットは、アメリカは良い面でも悪い面でも、他の国とはかけ離れた存在であるという説を展開しているが、その著書『アメリカ例外論』のなかで、こんな言葉を漏らしている。

「社会の病的な側面を強調する人々について、ここで一言だけ述べておきたい。彼らは、道徳の退廃、犯罪や離婚の増大を指摘するのだが、そうした嘆かわしいことの多くが実はアメリカ的価値観と密接に結びついていることを無視している」

われわれは、さらに内なる領域に踏み込まなければならないようだ。

5　キョーソーという名の民族宗教

フリードマン教授の誕生日

二〇〇二年。ひとりの老人が九十歳の誕生祝いにホワイトハウスへ招かれた。シカゴ大学名誉教授のミルトン・フリードマンである。ノーベル経済学賞を受賞したこともある著名な経済学者とは言え、アメリカ合衆国大統領からホワイトハウスで誕生日を祝ってもらうというのは尋常ではない。

祝いの席にはアメリカで大統領に次ぐ権威をもつ連邦準備制度理事会（ＦＲＢ）のアラン・グリーンスパン議長も駆けつけた。いったいミルトン・フリードマンとは何者なのか。それはブッシュ・ジュニア大統領がこの老人に贈った最大級の賛辞に表れている。フリードマンは現在のアメリカにおける「自由主義の旗手」だそうだ。この老人が「自由の旗手」？

ミルトン・フリードマンはアメリカ経済学界の大御所で、いわば市場原理主義の教祖とも言える存在だ。その説くところは徹底した自由放任主義で、民間企業の経済活動に対する一切の政府の規制や介入を拒否している。また、金持ちに重い負担を求める累進課税や、低所得者層に手厚い補助を与える社会福祉などの平等主義的な政策を手厳しく批判している人物である。

そうした政策は、経済的に問題があるだけでなく、そもそも個人の自由という、アメリカ建国の理念にも反する問題だとフリードマンは主張する。これがブッシュ・ジュニア大統領の心の琴線にふれるのだろう。

大恐慌とケインズ革命

もともとアメリカでは、一九二〇年代の大恐慌以前まではフリードマンが説くような、アダム・スミス流の古典主義経済学の思想にのっとった自由放任的な経済政策が行われていた。しかし経済活動を自由に放任し過ぎた結果、別の言葉でいえば「市場の失敗」のために、世界を巻き込んで破局をもたらしたあの大恐慌を引き起こしてしまった、という反省の機運が世界に沸き起こった。

イギリスの経済学者ジョン・メイナード・ケインズは『自由放任の終焉』（中央公論社）という本のなかで「キリンの群れ」にたとえて次のような警鐘を発した。

「首の一番長いキリンを自由に放任して、そのためにより首の短いキリンが餓死してもかまわないでいることである」

「餓死させられる首の短いキリンの苦痛とか、……首の長いキリンの食べ過ぎとか、あるいは、群をなすキリンの穏和な顔に暗い影を投ずる不安、すなわち、闘争本能むき出しの貪欲の醜さを、どうして見過ごすことができよう」

ケインズは、企業の活動や市場での取引に対して政府がもっと規制を強化することや、財政投資と公共事業によって人々の働き口をもっと増やすこと、金持ちに対する累進課税と社会福祉の充実によって「富者から貧者へ」所得を再配分することなど、政府の積極的な介入の必要を説いた。それは自由放任を理想とするイギリスやアメリカの伝統的な思想を根本からひっくり返す衝撃的な内容だったため「ケインズ革命」といわれた。

ニューディール政策とリベラリズム

第二次世界大戦前後に三期十二年もの長期政権を維持した民主党のフランクリン・ルーズベルト大統領は、ケインズの考え方を採用した「ニューディール政策」を推し進めた。ルーズベルト政権の政策は低所得者層やアフリカ系市民(黒人)などのマイノリティに支持されて政治的成功をおさめたため、経済学の分野でもケインズ主義、政治思想の分野では「リベラリズム(平等を重視した自由主義)」がアメリカの主流となり、特に民主党の基本的理念となった。

リンドン・ジョンソン大統領が「貧困の撲滅」と「偉大な社会の建設」をスローガンとしてアメリカの福祉国家化を目指した一九六〇年代には、そうした考え方が頂点に達した。

しかし一九七〇年代に入ると、政府の負担があまりにも肥大化し過ぎて巨大な財政赤字が発生、さらに石油ショックと重なって猛烈なインフレに見舞われ、一方では重税などの影響によってアメリカ企業の国際競争力が低下するなど、次第にケインズ主義の負の側面が目立ち始めるようになった。

フリードマンのケインズ批判

シカゴ大学で経済学を教えていたミルトン・フリードマンはケインズ主義を真っ向から批判し、経済活動に対する政府の介入を制限して市場原理に委ねるべきだという、自由放任主義への回帰を早くから主張していた。

フリードマンはオーストリア出身の経済学者フリードリッヒ・フォン・ハイエクという人物の思想的影響を強く受けている。ハイエクは一九四四年に『隷属への道』という本を著して社会主義への道は自由を抑圧する隷属への道にほかならないと説いた。そして自由な競争こそ経済活動を自動的に調整する唯一の方法であり、個人はそれぞれの目的や欲望を追求する自由が与えられなければならないと主張した。

スターリン時代のソビエトにおける大量粛清や人権蹂躙の事実が暴露されるはるか以前の一九四〇年代という早い段階で、自由を抑圧する社会主義の負の側面を見抜いていたハイエクには確かに先見の明があった。

しかしマルクス主義に対する幻想がまだ大きな影響力を振るっていた当時、ハイエクの主張は非難の集中砲火を浴び、『隷属への道』もアメリカの多くの出版社で刊行を拒否された。唯一出版に応じたのが、ミルトン・フリードマンが在籍していたシカゴ大学の出版部だったのだ。ハイエク自身がその後シカゴ大学に三顧の礼をもって教授として迎えられる。

「悪しき神話」で政府介入主義がはびこった、とフリードマン

ミルトン・フリードマンは一九八〇年に「選択の自由」というテレビ番組をつくり、マス・メディアを使って自由放任主義を一般社会の視聴者に自ら宣伝した。テレビ伝道で信者を爆発的に増加させたキリスト教右派の戦略を真似したのだろうか。

番組のなかでフリードマンは、大恐慌が「市場の失敗」というのは神話であり、むしろ政府の通貨政策の失敗によって引き起こされたという自説を展開した。そしてこの「悪しき神話」のために政府介入主義がはびこり、肥大化した政府がアメリカの自由と繁栄を破壊しようとしている、いまこそ政府に対して厳しい制限を設け、「自分自身で選択を行い、結果について自己責任をとる体制」を取り戻すべきだと主張した。

独占を礼賛し、首を傾げたくなる極論も

「選択の自由」の番組の内容は同じタイトルで単行本化された（『選択の自由』日本経済新聞社刊）。その本はたとえば、ロックフェラー財団やフォード財団は、そうした自由放任主義のお

かげで生み出された素晴らしい成果だと独占を礼賛するかと思えば、食品や医薬品に対する安全・衛生規制は生産・販売技術の進歩を遅らせることによって社会に弊害をもたらすだけであり、「われわれが自らの生命に関してどんな危険を冒すかは、われわれ自身の選択の自由に任せるべきだ」などという、首を傾げたくなるような極論を含んでいた。

しかし何物にも拘束されない自由人という伝統的イメージに憧れる保守的なアメリカ人の心に訴えかけるものがあったのか、フリードマンの主張はアメリカの一般社会から次第に支持されるようになっていった。

レーガン大統領に採用されて近代経済学の主流に

フリードマン流の自由主義思想はついに、一九八一年に就任した共和党保守派のロナルド・レーガン大統領に採用され、「小さな政府」というスローガンの理論的支柱となった。フリードマン流の「新古典派経済学」はレーガン政権のイデオロギーという政治的権威を獲得したことで、ライバルのケインズ派経済学を圧倒してアメリカ近代経済学の主流となった。

フリードマンが在籍するシカゴ大学はその総本山となり、彼自身はその総帥に祭りあげられた。アメリカの各大学の経済学部でフリードマン的自由主義思想の洗礼を受けた多くの卒業生が、アメリカをはじめとする世界各国の財務省、経済省、中央銀行といった政府機関やＩＭＦ、世界銀行、ＯＥＣＤ、ＷＴＯなどの国際機関に就職し、こんにち世界の経済をコントロールしているのである。

党派を超えた国家的イデオロギーに

親子二代のブッシュ政権にはさまれたクリントン政権は民主党政権だったが、労働組合的な古いリベラリズムとは一線を画し、アメリカ企業の国際競争力の強化を最優先した。大企業寄りの共和党的な路線に歩み寄ったのだ。

クリントン大統領が財務長官にウォール街の投資銀行ゴールドマン・サックスのロバート・ルービン会長を迎えてから、アメリカの株式市場は史上空前のバブルに熱狂した。歴史の皮肉というのか、市場原理主義は民主党政権時代にむしろ我が世の春を謳歌したのである。

かくしてフリードマン流の自由主義はレーガン政権以降、今日にいたるまで共和党、民主党という党派を超えてアメリカの国家的イデオロギーとなったばかりでなく、グローバリゼーションの潮流に乗って世界を席巻し続けている。フリードマンがまるで国父のように、九十歳の誕生日をホワイトハウスでブッシュ・ジュニア大統領に祝福されるというセレモニーには、こうした含意があったのである。

ニクソンに金・ドル交換停止を進言

さらに調べてみると、ミルトン・フリードマンの教祖的影響力は、レーガン政権以降の時代に限られるものではなく、実はもっと歴史をさかのぼるようである。一九九九年にNHKは「マネー革命」というシリーズ番組の中でフリードマンにインタビューを行っている。そのなかでフリードマンは、一九六八年に当時の共和党のリチャード・ニクソン大統領に、金とドルの交換を停止してドルと外国通貨のレートが市場で変動する制度に転換するよう進言した手紙を送ったと述べている。

その頃フリードマンはイギリスの通貨スターリング・ポンドを空売りして儲けようと思ったが、どこの銀行でも空売りを受けつけてくれなかったため憤慨していたのだという。しかしフリードマンの進言はわずか三年後に世に言う「ニクソン・ショック」として実現した。世界は変動相場制に移行することとなり、各国の通貨レートは時々刻々と変動するようになった。それまで長く一ドル三六〇円で固定されていた円は大幅な円高に見舞われることになった。

世界最初の通貨先物取引市場

当時シカゴのマーカンタイル取引所という、穀物などの農産物の先物取引を商う取引所の経営者だったレオ・メラメッドは新しい取扱商品として外国通貨に目をつけ、通貨先物の必要性を説く論文をフリードマンに依頼した。メラメッドは論文を書く報酬としてフリードマンから五千ドル要求されたという。ＮＨＫのインタビューでフリードマンは「もちろん、私は論文を書く報酬を要求し、受け取りましたよ」と悪びれもせず答えている。

フリードマンが論文を発表した翌年、シカゴ・マーカンタイル取引所に世界最初の通貨先物取引市場が認可され、フリードマンは念願のポンドの先物取引を始めることができた。

以降、金利、米国債、株式指数など、さまざまな金融商品の先物取引が次々と上場され、フリードマン的自由主義思想に支えられた国際的な金融自由化の流れに乗って、グローバルに拡散していき、世界の経済に大きな影響を振るうようになったわけである。

フリードマンがニクソンに出した一通の手紙から世界は大きく変貌したが、果たしてそれは良い方向に向かったと言えるのだろうか。変動相場制から世界は何を得たのだろうか。

外為取引の実需原則が撤廃に追い込まれる

大蔵省財務官、東京銀行会長などを歴任し、国際金融界における華麗な人脈を誇る日本の「通貨マフィア」の先駆者である柏木雄介氏は『21世紀の国際通貨システム　ブレトンウッズ委員会報告』（金融財政事情研究会）で次のように述べている。

「（変動相場制について（筆者注））いろいろメリットが主張されたわけであるが、実際、197

3年以降そのとおりに動いたかどうか検証してみると、決してそうはなっていないことがわかる。……何か変動相場制には経済の discipline（節度）を失わせるものがあって、そこから経済全体が悪い方向に動きつつあるのではないかという懸念が強い……アメリカは今の変動相場制に格別不自由は感じておらず……日本だけが為替相場の無秩序な変動に悩まされ、通貨制度改革の必要性を痛感していたように思われる」

変動相場制への移行時の舞台裏を知り尽くした柏木氏の述懐だけに極めて興味深い。柏木氏が会長をつとめておられた銀行に私が就職した一九八四年は、日本の為替取引の歴史で重要な分岐点となった年であった。わたしたちの入社式が行われたこの年の四月から、外国為替取引の「実需原則」が撤廃されたのだ。

これは前年十一月のレーガン大統領来日の際にアメリカ側から要求された項目のひとつだった。それまで外為の先物予約取引には、輸出や輸入などの「実需」と呼ばれた実体経済の裏づけを証明することが義務づけられていた。実需原則は、危険な投機の過熱から為替市場の安定性を守るために日本として必要な措置だった。

しかしフリードマンの自由放任思想を信奉したレーガン政権から、「実需原則」は日本の遅れた金融市場の閉鎖性の残りカスだと批判され、政治的圧力によって撤廃に追い込まれてしまったのだ。

巨額のマネーが飛びかうように

この結果「実需」の裏づけのない投機取引は事実上無制限となり、東京外為市場では信じられないような巨額のマネーが飛びかうようになった。東京はロンドン、ニューヨークと並ぶ世界の三大為替市場のひとつと喧伝されるようになり、日本の銀行各行は為替取引の急増によっておおいにうるおった。

投機的な為替取引は、相場があたれば天文学的な利益を銀行にもたらした。支店で中小企業を相手に地道な貸出業務をしていては到底稼ぎ出せないような驚くべき利益だ。もちろんそれは、相場がはずれたときの巨額の損失と背中合わせだったのだが、若手の銀行員たちは誰しも、「金魚鉢」と呼ばれたガラス張りのディーリング・ルームでスリリングな取引に酔いしれる外為ディーラーに魅了された。

投機は善とされ、投機家はもはやカネの亡者として軽蔑されるのではなく、うやうやしく敬意を払われる憧れの的となったのだ。

国際的カジノ経済に組み込まれる

いま思えばこのときもまた、わたしたちは「トロイの木馬」を無自覚に演じ始めていたのかもしれない。巨額の投機資金が国境を越えて狂奔する国際的カジノ経済に日本は完全に組み込まれ、二度と足抜けできなくなった。日銀は円レートに対するコントロール能力を喪失し、日本の輸出企業を円高が直撃しても、もはや打つ手は皆無だった。一九九五年四月、ついに一ドルが八〇円を割り込み、日本は奈落の底を垣間見た。

マハティール首相の勇気あるスピーチ

アジア通貨危機が起きた一九九七年、国際投機筋の通貨テロ攻撃を受けたマレーシアのマハティール首相（当時）は、香港で開催されたIMF総会の席上で「実需をともなわない為替取引は不必要、不道徳、非生産的で禁止すべきである」と勇気あるスピーチを行った。「国際カジノ社会」の掟では、公けの場で正論を訴えるのはタブーだったので、アジア諸国は秘かに喝采を贈った。このときマハティール首相に反論して市場原理主義を擁護したのは、世界的に有名な投機王ジョージ・ソロスだった。

しかしソロス自身が後に『グローバル資本主義の危機』（日本経済新聞社）と題する本を著して金融・為替市場を自由放任にゆだねる危険性を説き始めて世界を唖然とさせた。現在、フランスのATTACというNGOは、為替取引に課税することによって行き過ぎた投機を抑制しようという「トービン税」運動を展開し、ヨーロッパ各国で静かに支持を拡げつつある。

アングロ・サクソンが独占するノーベル経済学賞

変動相場制と金融先物市場を誕生させた市場原理主義の教祖ミルトン・フリードマンが得たものは、五千ドルの論文執筆料と、ポンドの空売りで儲ける夢が実現したことだけではなかった。一九七六年のノーベル経済学賞が与えられたのである。ちなみにフリードマンの思想的恩人であるハイエクもその二年前にノーベル経済学賞を受賞している。

ところで、ノーベル経済学賞について調べてみると、いろいろ妙なことがわかる。一九〇一年にノーベル賞が創設されたとき、経済学賞というものは無かった。それから六十年以上もたった一九六〇年代末にスウェーデン中央銀行の提案によって新設されたという。

二〇〇二年十一月三十日の朝日新聞によると、ノーベル経済学賞創設以来二〇〇二年までの国別受賞者数は、アメリカが三十三人とダントツで他の国々を圧倒している。二位はイギリスで七人、あとはスウェーデン・ノルウェー・カナダが各二人、フランス・ドイツ・オランダ・旧ソ連＝ロシア・イスラエル・インドが各一人となっている。ノーベル経済学賞はアメリカ・イギリスのアングロ・サクソン勢にほとんど独占されていると言っても過言ではない。

一方、わが日本はまだ一人も受賞者を出していない。たしかにバブル崩壊以降は目も当てられない状況だが、第二次世界大戦後の奇跡の復興を遂げた日本人にとって経済は本来得意分野だったはずではなかったか。物理学賞、化学賞、文学賞などでは複数の受賞者を出すなど健闘している。物理学にはラテン的物理学やゲルマン的物理学などという差異は存在しない。経済学がもし自然科学に準じる「科学」であると主張するなら、ノーベル経済学賞の受賞者がアングロ・サクソン勢に極端に偏頗していることの説明がつかない。

このことは逆に、近代経済学がもともと普遍科学などではなく、アングロ・サクソンの価値観を反映したひとつのイデオロギーに過ぎないことを、もしかしたら示唆しているのかもしれない。とりわけ一九八〇年代以降、ミルトン・フリードマン流の新古典派経済学が主流となってからは、アメリカのノーベル経済学賞受賞者は、市場原理主義者やシカゴ大学関係者に偏在している。

どのような基準で選ばれているのか知らないが、ノーベル経済学賞という世界的権威を独占することで、たんにアメリカの一学派のイデオロギーに過ぎない市場原理主義があたかも科学的真理であるかのごとく絶対化される仕掛けになっている。英語、ドル、時価会計、英米法、そして近代経済学。すべてアングロ・サクソンの世界〝文化〟遺産ではないか。

ノーベル賞の名にふさわしくないという抗議の声

アルフレッド・ノーベルの遺言にはなかった経済学賞は、「全人類に多大な貢献をした人物の顕彰」という本来の意義にそぐわないためノーベル賞の名にふさわしくない、という声が挙がっているという。抗議の声を挙げたのはほかでもない、アルフレッド・ノーベルの子孫やノーベル財団、ノーベル文学賞を選考しているスウェーデン・アカデミーなどだそうだ。

確かにノーベル経済学賞が創設されてから三十年以上経過したが、アメリカ国内の貧富の差や、先進国と発展途上国とのあいだの南北格差はむしろ拡大している。フリードマン的な自由主義とは、万人の自由というよりは、投資家や企業経営者たちの自由、つまり平たく言えば金持ちがさらなる金儲けに狂奔する自由を説くものにほかならないからである。

シカゴ大学内部で実際にフリードマンの言動を目撃した宇沢弘文氏は内橋克人編『経済学は誰のためにあるのか　市場原理至上主義批判』（岩波書店）という本の内橋氏との対談で、フリードマン的自由主義について「人間の尊厳を否定して自分たちだけがもうける自由を主張するというものです。……つまり彼らの考え方は、結局そのときどきの最も経済的な強者、あるいは大企業に利益を追求することを認めよ、ということです。これが彼らのいうディレギュレーション（規制緩和）の本音なのです」と述べている。

金融市場でいかに儲けるかというテクニックで受賞した者も

一九九〇年代はその傾向が特に露骨である。市場原理主義経済学ならまだしも、金融デリバティブ商品の開発への貢献などという理由で受賞した者さえいるのである。なかでも一九九七年のマイロン・ショールズとロバート・マートンの受賞は物議をかもした。マイロン・ショールズとフィッシャー・ブラック（故人）が開発し、ロバート・マートンが検証した「ブラック＝ショールズ・モデル」という金融工学は、日本がバブル経済に浮かれていた一九八〇年代後半に金融業界で大流行し、実際のオプション取引でディーラー達に広く利用されていた。

それはつまるところ、いかにして金融市場で儲けるかということを追求する数学的テクニック、ということに尽きる。全人類への貢献など、開発した当人たちでさえ思いもよらなかったであろう。アラン・ブルームは『アメリカン・マインドの終焉』（みすず書房）のなかで、アメリカの経済学について「学問と強欲とがこれほど完全に一致している例は、大学では他のどこを捜してもない」と言い、経済学に似ているものがもしあるとすれば、それは性的快感をいかにして増進できるかを理論的に証明できると主張するセックス科学ぐらいのものだ、と喝破している。

「市場がそれを望んでいる」などという発言に客観的根拠は何もない

最近はさすがに少なくなったが、いまだにテレビに出演して「このままでは市場の信頼を失うだろう」などと発言している市場関係者がいる。相場屋がいつから賢者のごとく扱われるようになったのか。「市場が」などという発言にはもとより客観的な根拠など存在しないのである。市場というものは全知全能の神でも普遍的真理でもない。投資家、投機屋、相場師、ディーラーなど生身の人間の欲望と思惑の絡み合いに過ぎないのだ。

彼らが「市場が満足していない」と言うときは、相場が思ったように動いてくれず自分の損失を心配しているのであり、また「市場がそれを望んでいる」などと発言するときは、自分に有利になるように相場を誘導したいと考えているのである。業界用語ではこれをポジション・トークという。

もっと品性下劣な者もいる。あるヘッジ・ファンドのマネージャーがＮＨＫの特集番組でインタビューに答えているのをテレビで見た。ネズミのような面構えの白人の若者は「日本で好かれようが嫌われようが、われわれには関係ない。われわれは世界を相手にしているのだから、日本は投資してもらえるだけ有難いと思え。ハゲタカ・ファンドを敵視しているヒマがあったら、日本の将来を心配した方がいいんじゃないのかい」と言い放った。

日本の歴史にも文化にも国民の生活にもなんの関心も無く、カネ儲けにしか興味のない守銭奴が一国の将来は俺達が握っていると豪語する。市場原理主義が支配する社会では、賭場荒らしみたいな連中が思いあがり、民族の尊厳を踏みにじってみせることがまかり通るらしい。

ノーベル経済学賞受賞者のいたヘッジファンドが破綻

しかし天の配剤だろうか、ショールズとマートンがノーベル経済学賞を受賞した翌年、この二人が勤務していたロング・ターム・キャピタル・マネジメントというヘッジ・ファンドが投機に失敗して破綻したことで、ノーベル経済学賞の栄誉ある歴史に泥を塗ることになった。

選考方法にも批判が出たことで慌てたのだろうか、それ以降は市場原理主義に批判的な非主流派にも賞がまわってくるようになった。特にアジア通貨危機の際のＩＭＦの市場原理主義的な対応とその失敗を厳しく批判しているジョセフ・スティグリッツが受賞したときには私は胸のすく思いがした。スティグリッツの『世界を不幸にしたグローバリズムの正体』（徳間書店）は日本でもベストセラーになった。

アメリカ的自由のアブナイ病理

自由主義と聞くとわれわれ日本人は「封建的抑圧の打破」とか「サダム・フセインの独裁や圧制からの解放」といったたぐいの「自由」を想定しがちである。これには誰しも無条件に賛成するだろうし、議論の余地は無いように思える。恐らくアジアやヨーロッパの多くの国々でも事情は同じであろう。それは日本やアジアやヨーロッパといった国々が、古代、中世、近世から近代に至る長い歴史を背負っているからである。

しかしただアメリカ合衆国だけは違う。この国の歴史には、専制の古代も封建の中世も存在しない。アメリカ合衆国はそもそもイギリスの植民地支配から独立することによって誕生した国であり、建国された瞬間から既に「自由」は自明のものとしてあった。だからアメリカが「自由」というとき、それはわたしたちが考えるものとはまったくもって非なるものがある。

たとえばアメリカには、政府の役割を一切否定してすべて民間の自由にゆだねるべきだとして、通貨発行権の自由化、義務教育や婚姻制度の廃止、警察・裁判所・刑務所の民営化などを大マジメに主張する学者がいる。軍事の民営化は現実に行われており、アメリカ国防総省の元軍人たちが会社をつくってアフリカで内戦を商売にしている実態をＮＨＫがドキュメンタリー番組で紹介した。

二〇〇三年のアカデミー賞長編ドキュメンタリー賞を受賞したマイケル・ムーア監督の「ボウリング・フォー・コロンバイン」という作品では、アメリカの銃犯罪社会の背景として「アメリカ的自由」のもつアブナイ病理が描かれていた。ムーア氏の著書『アホでマヌケなアメリカ白人』（柏書房）とともに、わたしたちの目を開かせてくれた。

またアメリカには、リバタリアニズム（自由至上主義あるいは自由絶対主義）といって、個人のあらゆる行動に対する政府の干渉を拒否する思想がある。この思想を信奉するアメリカ人は、妊娠中絶を禁止する法律、空港におけるテロ防止探知機の設置を義務づける条例、ライフルの購入や所持を制限する法律、ドライバーに対する飲酒や薬物検査の強制、幼児ポルノの製作販売に対する政府の規制などをいっさい否定する。

なぜなら、中絶する自由、テロ活動の自由、銃やライフルを乱射する自由、酒やドラッグに溺れる自由、幼児ポルノでカネ儲けする自由など、個人の自由を妨げるからだ、という。

アナーキズムにしか見えないがアメリカでは保守

個人の自由を極限まで求めるこうした思想は、日本人である私から見ると極左急進的なアナーキズム（無政府主義）にしか見えないが、アメリカにおいては、アメリカ建国の理念と、誇るべき西部開拓時代の伝統に徹底的に忠実である、という意味でむしろ「保守」的な傾向とされるのだそうである。日本とは左右が百八十度正反対なのだ。

しかし一方、アメリカで保守派と称するグループのなかには、宗教的な倫理観から妊娠中絶やポルノの自由を否定するキリスト教右派のような勢力もいるからややこしい。中絶やポルノなど、社会的なモラルに関する論争では、アメリカの保守陣営の内部は真っ二つに分裂しているという。

副島隆彦氏はこうした思想の潮流が、アメリカの政治や社会の動向から対外政策にいたるまで、いかに重大な影響を及ぼしているかということを以前からわれわれ日本人に警告している。

イラク戦争をきっかけに急に流行するようになった「ネオ・コン」(ネオ・コンサヴァティヴ、新保守主義者)という言葉と人脈を最も早く日本に紹介したのも私の知る限りでは副島氏である。

特に『世界覇権国アメリカを動かす政治家と知識人たち』(講談社+α文庫)は現代アメリカのあらゆる政治・社会思潮を網羅しており、アメリカについて知ろうとする人間には欠かすことのできない必読の文献である。

アメリカ人の「自由」には「競争」が込められている

わたしたち日本人にとって「自由」という言葉には、確かにある種の輝きがある。同時に「自由時間」とか「自由行動」などといった、手放しの解放感や、いささかお気軽な響きも伴うような気がする。しかしアメリカではこの言葉はまったく異質なるもので、それらは日本人が一般的にイメージする「自由」というよりは、もっと正確には「自由放任」や「自由競争」というべきものだ。

アメリカ人が「自由」と言うとき、そこには「競争」という原理が強く込められているのである。そこを勘違いしてアメリカの言う「自由」を真に受けたり、「自由の国アメリカ」を理想化したりするととんでもないことになる。日本と違って「自由」という言葉は鋭い思想的・社会的対立をも生みかねない火種を孕んでいるのである。それは、アメリカの「自由主義」が、もうひとつの極めてアメリカ的でユニークな思想である「個人主義」と分かちがたく結びついているからである。

「以心伝心」は日本人だけのものではない

アメリカ人は普通、思ったことをストレートに口に出し、相手にもそうするよう求めるのに対し、日本人は「以心伝心」や「目は口ほどにものを言う」などといった曖昧で間接的な意思表示を好み、目や顔の表情や態度などから相手の気持ちを推し量ろうとする、とよく指摘される。

この「日本人特有の曖昧さ」は、国際的なコミュニケーションの場でしばしば誤解される元凶であると、否定的に評価されてきた。しかしそれは必ずしも日本人だけの特殊なものではないということが、アメリカの心理学者ハリー・トリアンディスの『個人主義と集団主義』（北大路書房）を読むとわかる。

トリアンディスは世界のさまざまな国の人間関係やコミュニケーションに関する研究論文を集めて比較した結果、世界は個人主義的な社会と集団主義的な社会に大別することができると指摘している。例えば、イギリスやアメリカなどの個人主義的な社会では自分の父親が死んだとき部下は会社の上司にそのことを話さないが、日本や韓国などの集団主義的な社会では上司は部下の父親の葬儀に出席するだけでなく、時には葬式の手配の世話まで焼く。

個人主義的な社会ではたとえ相手に嫌われようと思ったことはすぐ口に出し、言行不一致は欺瞞や不誠実だと非難されるが、集団主義的な社会では本音と建て前の使い分けはむしろ成熟した大人の賢明な態度と理解される、といった例を挙げている。それはまるで世界をふたつの異なるレンズを通して見ているようであるとトリアンディスは言う。

世界の圧倒的多数は集団主義的社会

トリアンディス自身がギリシャからアメリカへの移住を経験した研究者であり、集団主義的なギリシャ社会と個人主義的なアメリカ社会の両方に共感を示していて、分析するまなざしは非常に中立的だ。だがトリアンディスは、世界各国の社会学の研究成果を集計して統計的に分析した結果、世界の圧倒的多数派は集団主義的社会であると結論づけている。

アジアやイスラーム圏の国々はもちろん、相対的に個人主義が強いヨーロッパ大陸の国々も、ある面では非常に集団主義的であるという。例えばアメリカでは女性がボーイフレンドに殴られていても通行人は干渉しようとしないが、ロシアでは子供を邪険に扱っている母親がいれば見知らぬ通行人でも割ってはいってとがめるし、ドイツでは公園の芝生に入ったりしようものなら通行人が飛んできて引っ張り出そうとする、といった事例を挙げている。

そして個人主義的特色が強いのは、アメリカ・イギリス・オーストラリアなどのアングロ・サクソン系の国々とオランダや北欧諸国、つまり白人プロテスタント圏に限られていると分析している。なんのことはない、世界のほんのごく一部ではないか……。

フリードマン的自由放任主義と個人主義の伝統

イギリスの社会学者ロナルド・ドーアは『21世紀は個人主義の時代か』（サイマル出版会）のなかで、個人主義の特徴として次の四つを挙げている。

・反国家主義　国家の権威に対する懐疑的敵意を抱く。
・自立主義　他者や集団への依存を拒絶する。
・情緒的非集団主義　集団への情緒的一体化を拒絶する。
・自己利益追求主義　集団の利益より自己の利益の追求を絶対視する。

これらの特徴は、アメリカ人の一般的なイメージと非常によく重なり合う。アメリカ人は、個人の行動に対する他人や社会の干渉にひどく反発する。個人の自由の侵害はアメリカの建国の理念に背くと主張する。こうしてみると、ミルトン・フリードマン的な自由放任主義は、アメリカの個人主義的伝統とわかちがたく結びついていることがよくわかる。

このように個人を社会や集団よりも上位に置き絶対視する個人主義という思想は、いったいどのようにして芽生えてきたのだろうか。フリードマンの思想的恩人、フリードリッヒ・フォン・ハイエクは『個人主義と経済秩序』のなかで、真の個人主義の伝統はジョン・ロック、バーナード・マンデヴィル、アダム・スミスなどイギリスの思想家達の系譜のなかにこそあり、ヨーロッパ大陸の個人主義、特にフランスのそれは平等主義が持ち込まれたため社会主義を生み出す元凶となった「偽りの個人主義」であると主張している。

ロックは近代民主主義の父と呼ばれる十七世紀イギリスの思想家である。ロックが唱えた「個人の自由」という思想は、その後大西洋を渡ってアメリカの建国の理念の中核的思想となった。アメリカ合衆国の『独立宣言』第二文節のすべての人の「生命、自由及び幸福追求」の権利という文言は、ロックが著した『市民政府論』という著作の中の「生命、自由、財産」にその原典がある。

しかし『独立宣言』を起草したトマス・ジェファソンは「財産」という言葉は崇高な建国の理念としてはあまりにも露骨すぎると感じるデリカシーがあったのだろうか、これを「幸福追求」という上品な言い回しに書き換えた。ちなみに日本国憲法第十三条の「生命、自由及び幸福追求」という文言は、アメリカ合衆国の『独立宣言』の第二文節をそのまま丸写ししたものである。

イギリス独特の思想風土から生まれた個人主義

バーナード・マンデヴィルはオランダに生まれ、イギリスに移住して活躍した医者であり文筆家である。一七二三年に出版した『蜂の寓話』という風刺随筆で「個人の悪徳は公共の利益」つまり、個人の利己的な私欲を自由放任することが最終的には社会全体の利益につながる、というテーゼを提唱し、自由主義経済思想の先駆者となった。後にアダム・スミスにも影響を与えたといわれる。

アダム・スミスは経済学の父と呼ばれる十八世紀イギリスの自由主義思想家である。マンデヴィル的な「個人の悪徳は公共の利益」というテーゼを「(神の)見えざる手」という市場メカニズム論で正当化し、自由放任と競争原理を説いた。

ハイエクが指摘するように、人間の利己的な欲望を手放しで肯定し、個人の利益を追求する自由を絶対視する思想は、イギリス独特の思想風土から生まれたのである。ハイエク自身はオーストリア出身だがイギリスに惚れ込んで帰化し、アングロマニアと呼ばれたほどイギリスびいきだったという。

イギリスの個人主義は、一般にロックなどの近代思想の産物であると考えられているが、もっと古く近代以前から存在していたと主張する歴史家もいる。アラン・マクファーレンは『イギリス個人主義の起源』(南風社)で、家族の扶養契約や相続契約などの古文書を調査した結果、イングランドでは十三世紀にすでに高度に発達した個人主義的な家族制度が成立していたと主張している。

イングランドの家族制度は、同時代のヨーロッパ大陸やケルト人社会のそれとも本質的に異なっており、個人主義は近代の産物ではなく、イングランドの歴史的伝統だった、という自説を展開している。

個人主義は素晴らしいと肯定する国民性

マクファーレンの説は歴史学界では賛否両論が相半ばし、まだ通説とは認められていないようである。しかし「イングランドではもしかしたら個人主義は近代よりはるか以前に成立していた国民的伝統だったかもしれない」と語るマクファーレンの口吻に極めて誇らし気な自己陶酔的響きがある。

そしてイギリスの歴史学界のなかにもその説に心地よさを感じている一派がいるということの方が、私にとっては仮説そのものの真偽よりもむしろ興味深い。そこには「個人主義は素晴らしい」と無意識に肯定する国民性が感じられる。歴史的起源がいつ頃までさかのぼれるかはさておき、少なくとも個人主義というものが、イギリス人にとっては自慢の種になりうるアイデンティティの支柱のひとつであることは疑いがない。

合衆国建国の理念になった個人主義

イギリス独特の歴史や風土を色濃く反映した民族的特性である個人主義は十八世紀にアメリカ大陸に伝えられ、合衆国の建国の理念となった。十九世紀になると、アメリカで最初の西部出身のアンドリュー・ジャクソン大統領の下でジャクソニアン・デモクラシーが花開いた。西部開拓者社会の独立心旺盛な精神が全米に影響を与え、もともと個人主義的だったアメリカ人の国民性はより一層、個人主義の唯我独尊的傾向を強めたのである。

イギリスからアメリカへ継承されたアングロ・サクソンの民族的伝統ともいうべき個人主義は、個人の欲望と利己心に対する抑制を全面的に解放した。「アメリカでは成功ということが異常なくらい目的そのものとされるようになり、しかもそれは企業における成功を意味し、もっと粗っぽくいえば、金もうけのことを意味していたのである」とロバート・N・ベラーは『破られた契約　アメリカ宗教思想の伝統と試練』（未来社）のなかで指摘している。

勝ちさえすればすべてが正当化される

アメリカ人は競争に勝つことにしか関心がなく、勝ちさえすればすべてが正当化されると思いこんでいる。それは自己に対して極めて甘い反面、社会的弱者に冷淡で、他者に対して独善的に振る舞う傾向をはらんでいる。

こんにちアメリカは、国内や途上国の貧困や格差といった問題を無頓着に放置し、他方では自国の主張を他国や国際社会に一方的に押しつけるユニラテラリズムや、他国を厳しく批判しながら自国に都合良くルールを曲げるダブル・スタンダードを批判されながら少しも改めようともしない。そして「勝った、勝った」とひとり熱狂する。こうした自己中心的な行動パターンには、アングロ・サクソン特有の個人主義の思想的伝統がおおいに関係しているように思う。しかし不可解なことに、アメリカ人は自分たちの価値観は民族性や歴史的文脈とは無関係の、世界に普遍的な真理だと信じこんで疑おうとはしない。その大きな理由のひとつとして、社会主義の崩壊現象が「自分たちの正しさが証明された」とアメリカ人に自信を抱かせたことが挙げられている。

だが冷戦期間中は同じ資本主義陣営に属して一枚岩だと思われていた日本やヨーロッパ大陸の、しかもその中枢から、アメリカとは異なる価値観が主張されるようになったのは、むしろ社会主義崩壊後のことである。

「ネオ・アメリカ型」と「ライン型」

たとえば大蔵省（現財務省）の財務官だった榊原英資氏が『文明としての日本型資本主義』

（東洋経済新報社）のなかでミーイズムとよばれる極端な個人主義と自由放任主義を批判し、「物質的欲望を美的に昇華し、仏教的諦観をベースに、サムライ的禁欲とどこかでつながっていくという形」の日本型個人主義を提唱した。

一方、フランスの総合保険会社の会長のミシェル・アルベールは『資本主義対資本主義』（竹内書店新社）のなかで、資本主義の形態には単一の普遍的モデルがあるわけではなく、個人の成功と短期的な金銭利益を土台としている「ネオ・アメリカ型」と、個人の利益よりも集団としての成功、コンセンサスや長期的利益を上位に置く「ライン型」という二つのモデルに分けることができると主張している。そして「ライン型」について、ドイツ的な資本主義をモデルとしているが、日本型資本主義もこれに近いもので、一見地味で時代遅れに見えるが、企業の共同体的機能が社会に平等と安定をもたらす優れたモデルであると評価している。

アルベールが「ライン・日本型」資本主義の長所として挙げている「企業の共同体的機能」や「社会的平等」は、おそらくアングロ・サクソンの目から見れば長所どころか個人の自由を抑圧し、経済の効率的成長をさまたげる唾棄すべき欠陥としか映らないであろう。

「自由化」とは実は「英米化」？

興味深いことに、アングロ・サクソン内部からも似たような声が挙がっている。ロナルド・

ドーアは『日本型資本主義と市場主義の衝突　日独対アングロサクソン』のなかで、こんにち「自由化」と言われているものは実は「英米化」にほかならず、それが求めているのは貧富の差を拡大すること、無慈悲な競争を強いること、社会の連帯意識を支えている協調のパターンを破壊することであり、その先に約束されるのは生活の質の劣化である、と述べている。

もっともドーア教授は日本研究を専門とする知日派研究者の大御所であり、必ずしもアングロ・サクソンの標準的な見解を代表しているとはいえないのだが。

いずれにせよ、ことほどさようにアメリカ的価値観というものは極めて特殊なうえに民族的に偏向したものであって、決して国際社会から手放しで歓迎されるような普遍性を持っているわけではない。

国会議事堂で「キョーソー」を語ったブッシュ

二〇〇二年二月に来日したブッシュ・ジュニア大統領は、居酒屋で気勢をあげた翌日、国会議事堂に乗り込んできて一席ぶった。

明治維新のヒーロー（！）ユキチ・フクザワが経済学の教科書を翻訳しているとき「コンペティション」という英語の単語にぶつかった。これに相当する日本語がなかったので、カレは「競争」という新しい言葉をつくりだした。それによって日本語は、より豊かなものとなった。

競争こそ改革を推し進める原動力なのだ!……

ブッシュ・ジュニアはこのときわざわざ「キョーソー」と日本語で発音してみせてくれた。アメリカ人が自国の内部で死ぬまで競争し合うのは勝手だが、よその国の国政の殿堂に乗り込んできて壇上から「あなたがたも、もっとキョーソーしなさい」と言わんばかりの威勢のいいお説教を垂れるのだから恐れ入るほかはない。

ヨーロッパ大陸でも、イスラーム圏でも、地球にはいま、怨嗟の声が満ち満ちている。あこぎな競争に躍起となり、ひたすら勝つことばかりに血眼になっている浅ましきアメリカ人よ。いまよりもっと贅沢をしたいのか。これ以上いったい何を望むのか。もう、充分ではないか。わたしたちはつき合いきれない、放っておいてくれ。頼むからこの小さな惑星の静謐を掻き乱さないでくれ。

そんなヒマがあったら頭を冷やして、おのれがつくりあげた国の内側を、じっくりと見渡して見るがいい。ユネスコに登録された世界文化遺産は、アメリカ先住民の遺跡、フランスから貰った自由の女神、トマス・ジェファソンが建てたパラディオのイミテーションぐらいしか存在しない。あとはそれこそペンペン草も生えていないではないか……と。

あとがき

いまの日本はどこかが異常である。自分たちの国をどうするか、自分の頭で自律的に考えようとする意欲を衰えさせる病がどこかで深く潜行している。私が偶然、アメリカ政府の日本政府に対する『年次改革要望書』なるものの存在を知ったとき、それが病巣のひとつだということはすぐにはわからなかった。

だがこの病は、定例的な外交交渉や、日常的なビジネス折衝という一見正常な容態をとりながら、わたしたちの祖国を徐々に衰滅に向かって蝕んでいるということに、私はほどなくして気づかされた。まるで癌細胞があちこちに転移しながら、自覚症状の無いまま秘かに進行していくように、わたしたちの病はすでに膏肓に入りつつある。

アメリカがこれまで日本にしてきたことは、一貫してアメリカ自身の国益の追求、すなわちアメリカの選挙民や圧力団体にとっての利益の拡大、ということに尽きる。そのこと自体に文句を言ってみてもはじまらない。自国の納税者の利益を最大化するために知恵を絞るのはその国の政府の当然の責務である。アメリカ政府は当たり前のことをしているに過ぎないのだ。

問題は、アメリカの要求に従ってきた結果どうなったのか、その利害得失を、自国の国益に照らしてきちんと検証するシステムが日本にないことだ。そしてそれ以上に問題なのは、もしわたしたち日本人にはアメリカの要求に従う以外に選択肢が無いならば、なぜそのような構造になっているのか、という点である。わたしたち国民全体が、その構造に向き合わざるを得ない時期がいままさに到来しているのではないか。

すべてアメリカ政府が公文書で発表していること

ただ、この本では日米安保体制や在日米軍基地などの安全保障問題には一切踏み込めなかった。なぜなら国防に関しては一般に公開されている資料があまりにも少ないからだ。今回私が使った資料はすべてインターネットの公式サイトで公開されている公式文書や、国公立図書館などで一般市民でも閲覧可能なものである。安全保障問題は特殊な情報源を誇る専門家にゆだねることとし、わたしはそれ以外の分野に専念することにした。

しかし非軍事分野に限定してもなお、慄然とするほど広い範囲にわたって、わたしたちの国に対するアメリカの内政干渉がいかに以前から、いかに根深く構造化されているか、語るべき言葉を失うほどである。安全保障政策を国家の最優先課題と位置づけているアメリカが、非軍事的分野でさえこれだけ大掛かりなことを行っている一方で、軍事部門でなんの手も打っていないなどとは考えにくい、とだけいっておこう。

アメリカを批判すると、「それは日本の自己責任をアメリカのせいに転嫁する陰謀史観だ」という人がすぐ現れる。だがその指摘にどんな積極的な意味があるのだろう。「それは陰謀史観だ」とレッテルを貼って思考を停止してしまう。そしてパンやサーカスに注意をそらし、現実に起きていることへの国民の関心を封印しようとする。

だが本書で私が指摘したことは、ほかでもないアメリカ政府自身が『年次改革要望書』や『外国貿易障壁報告書』などの公式文書で公表していることなのだ。これは陰謀でも何でもなく、アメリカ政府によっておおやけの対日政策として決定され、毎年定例的に議会へ文書で報告されてきたことなのだ。必要なのは、疑問の声を封じることではなく、日本とアメリカの関係が、実際のところはどのようなものだったのか、日本人自らきちんと検証することではないだろうか。

『年次改革要望書』には実にさまざまなテーマが網羅されている。私の能力的な限界でそのごく一部しか採り上げることができなかった。しかし本書は、法や制度、つまり目には見えないが、現代社会の根幹を支えている「無形のインフラ」のあり方を考えるうえで、ひとつの切り口を提示できたのではないかと秘かに自負している。

なかでもとりわけ「法」というものが、文化とわかちがたく結びついているばかりか、民族のアイデンティティにもかかわる固有の価値観や原理を反映していることに注意を喚起した。

「継受法」と「固有法」という視点でみると

もし「この国のかたち」を、「法」という観点からあらためて眺めてみたらどうなるだろうか。その場合、「継受法と固有法」という法制史の考え方が参考になる。そのヒントを与えてくれたのは、山本七平の『日本的革命の哲学』（ＰＨＰ研究所）という本である。

ちなみに継受法とは外国から継承接受した法体系であるのに対し、固有法とは自国独自の論理や慣習に則って編み出されたものをいう。これを日本の歴史にあてはめてみると、古代の飛鳥・奈良・平安約六百年間は、主として当時のグローバル・スタンダードであった中国の律令制度を導入した継受法の時代であった。一方、明治維新から現在に至るまでの百数十年間は連続して「欧米継受法の時代」とみることができる。そしてこのふたつの継受法の時代のはざまに、約七百年間に及ぶ「固有法の時代」があった。

西暦一二三二年に鎌倉幕府の執権北条泰時は貞永式目（関東御成敗式目）を制定した。その頃、京の公家社会は中国から継受した律令体系で運営されていたが、貞永式目はそれをことさら参照することもなく、当時辺境だった東国の武家社会の慣習を成文化したものだ。いわば日本固有の価値観に基づいて自律的に創られたものであった。そしてその後、鎌倉・室町から安土・桃山まで実に約四百年間この国の基本法となった。

江戸幕府は新たな国法として「武家諸法度」を制定したが、貞永式目はその後も徳川三百年を通じて寺子屋の教本として命脈を保ち、庶民の心の秘奥に深く沈潜した。

一方、貞永式目の制定とほぼ同じ頃、日本の仏教界では大陸から招来した旧仏教に飽きたらない想いを抱いていた法然、親鸞、道元などが独自の思想を模索して、やがて日本固有の鎌倉新仏教を誕生させた。当時の日本は決して世界から孤立していたわけではなかった。北条一族には、元に圧迫された宋の禅僧を三顧の礼をもって迎え入れる見識と開明性があった。

しかしこの時代の日本人は当時のグローバル・スタンダードを鵜呑みにせず、法にせよ、思想にせよ、自らにふさわしいものはなんなのかと、おのれの頭で必死に悩み考え抜いて、ついには他国に例のない独自の境地を切り開いたのだ。この精神革命は日本人全体の創意にも大いなる刺激を与えた。自己の内面世界をひたすら凝視し続け、精神的探求を深め続けていった結果、やがて日本的個性が充溢した、まごうかたなき固有の文化が開花した。世阿弥の能、利休や織部の茶、待庵や桂離宮などの建築、夢窓疎石や小堀遠州の庭、光悦や光琳の書画工芸……。

中世から近世にかけての武家文化の時代は、左翼的進歩史観からも右翼的皇国史観からも否定的に評価されてきた。しかしこんにち海外の人々がその独創性に驚愕し、かけがえのない世界の至宝として賛嘆を惜しまない「日本的なるもの」がうみだされたのは、なべてこの固有法の時代に集中している。

ひるがえって、近代以降に日本人が生み出したもので、世界遺産に匹敵しうるものを果たして幾つ数え挙げることができよう。現代に生きるわたしたちは、明治以降今日まで百数十年も続く欧米継受法の時代によって、かの輝ける時代から切り離されているのだ。かかる歴史の断層は、なにがゆえに生じたのだろうか。

固有法時代の日本的なるもの

欧米継受法の時代は近代化の方便として確かに一時期必要だった。しかしいまや右肩上がりの成長は終わり、わたしたちに富をもたらした近代産業は、生産コストの安いアジアの国々に次々ととってかわられている。経済神話が色褪せてもなお、わたしたちが国際社会で生き残り、なおかつ敬意を払われる存在であるには、日本人にしか生み出せないものとは何か、日本のオリジナリティとユニークネスとは何なのかがますます問われるだろう。

これからのわたしたちに必要なのは、真の個性と創造力だ。そのために「内にこもれ」ということではない。「日本的なるもの」を開花せしめる土壌となった日本固有の「法」を復興せよ、あるいは武家文化の原理に回帰せよ、などと短絡するつもりもない。

だがかつてわたしたちを真の創造性に開眼せしめた源泉が、固有法の時代の日本人の精神、すなわち他者にとらわれず、徹底的に自己と向き合い、内発的な価値に導かれながら、おのれの頭で悩み考え続ける精神の営みだったという、わたしたち自身の歴史経験をもっと思い出そうではないか。

日本人自身の未来のために、日本人自身の頭で考え、日本人同士で意見をぶつけ合う。その千載一遇の機会が、ついにいまめぐってきているのだから。

本書の出版にあたっては、文春新書編集局の浅見雅男局長と田部知恵人編集委員に、言葉に尽くせぬほどのお世話になった。機会を与えて下さった両氏に対し心からお礼申し上げたい。

関岡英之（せきおか　ひでゆき）
1961年、東京生まれ。84年、慶應義塾大学法学部卒業後、東京銀行（現・東京三菱銀行）に入行。証券投資部、北京駐在員事務所、国際協力銀行出向などを経て14年間勤務の後に退職する。99年、早稲田大学大学院理工学研究科に入学。建築家石山修武氏の研究室に所属し、2001年、同修士課程を修了。『なんじ自身のために泣け』（河出書房新社、02年）で第七回蓮如賞受賞。

文春新書

376

拒否《きょひ》できない日本《にほん》
――アメリカの日本改造が進んでいる

平成16年4月20日　第1刷発行

著　者　関　岡　英　之
発行者　浅　見　雅　男
発行所　株式会社　文　藝　春　秋

〒102-8008　東京都千代田区紀尾井町3-23
電話（03）3265-1211（代表）

印刷所　理　想　社
付物印刷　大　日　本　印　刷
製本所　大　口　製　本

定価はカバーに表示してあります。
万一、落丁・乱丁の場合は送料小社負担でお取替え致します。

ISBN4-16-660376-0